IL Arco a.

Jessica Hintz

Published by Jessica Hintz, 2024.

IL ARCO DI RICORDI

First edition. October 22, 2024.

Copyright © 2024 Jessica Hintz.

ISBN: 979-8227417053

Written by Jessica Hintz.

Arco dei ricordi

Arco dei ricordi

Jessica Hintz

Stati Uniti
2024

CONTENUTO

Prefazione

Il mio libro è diviso in tre parti. Per L'eredità del nonno, un racconto a cui ho usato i bei ricordi dei miei primi anni di vita per attingere. Questi ricordano la campagna delle Midlands degli anni '30, dove ancora oggi si può sentire la dura vita di coloro che servono la terra e vivono da soli; persone rinchiuse in sistemi su cui avevano poco controllo e con cambiamenti graduali nel tempo; in seguito si verificò una rapida trasformazione che sconvolse una volta per tutte le vecchie usanze.

A volte mi ritrovo a ripensare a come le persone moderne potrebbero affrontare uno stile di vita così isolato - alzarsi e abbassarsi solo grazie alle proprie capacità e alla volontà della natura - senza accesso a frigoriferi, lavatrici, riscaldamento, elettricità, gas o acqua corrente; era mia responsabilità smaltire i prodotti di scarto; anche se da quello che ricordo di far parte di una società alla vecchia maniera, i miei conoscenti sembravano più contenti di quanto lo siano adesso.

Aneddoti e poesia, la seconda parte del mio libro, contiene poesie e ricordi, alcuni divertenti (spero!) mentre altri rivelano emozioni umane più profonde. Tutti gli aneddoti che coinvolgono il giovane ragazzo sono racconti veri.

Ti invito a entrare nell'arcobaleno e sperimentarne la profondità con maggiore emozione leggendo il mio libro ibrido tesi di laurea in versi, Stepping Into The Rainbow. Scava più a fondo nella natura umana rispetto ai suoi predecessori e la mia speranza è che il suo messaggio possa diffondersi.

L'eredità del nonno

Peter guardò tristemente la televisione, lamentandosi di quanto promettente fosse stato l'affidabilità del suo garage. Ora eccolo lì senza macchina né programmi di vacanza se anche il passaggio promesso per lo Shropshire si fosse rivelato non affidabile.

"Spero che tu possa lasciarti il garage e il lavoro alle spalle per le prossime settimane", ha commentato Jill, sua moglie, entrando con caffè e biscotti per il loro divertimento. E aggiunse, con un sopracciglio inarcato: "E per favore, tesoro, non indossare quell'anello volgare!"

Jill mi ha suggerito di indossare la collana che ho ricevuto come premuroso regalo dall'impresario di pompe funebri di mio nonno per almeno un po' di tempo dopo la sua morte, poiché al suo interno è incastonata una vera sovrana d'oro.

"Non importa! Non sei un ragazzo da carriola. Ora forse sarebbe utile se rivedessimo il nostro itinerario di vacanza," suggerì mentre spegneva il telecomando della televisione e prendeva un pezzo di carta piegato da sotto il vassoio del caffè. . Oggi ha parlato con George della possibilità di darti un passaggio di ritorno dallo Shropshire durante il suo viaggio d'affari settimanale lì, e anche se sembrava piuttosto geloso della tua battuta di pesca, non ha visto alcun problema nel darti un passaggio domani mattina, anche se potrebbe distrarlo leggermente. percorso abituale - propone di incontrarsi qui alle sette e mezza e di fermarsi a fare colazione durante il viaggio, se necessario.

"È logico," rispose Peter, "e mi darà l'opportunità di riempire il serbatoio di tuo fratello, dato che le mie valigie pesanti e l'attrezzatura da pesca occupano troppo spazio nel bagagliaio. Per sicurezza, sarebbe meglio sia prudente da parte mia annotare alcuni dettagli sul mio taccuino per riferimento futuro. Secondo l'opuscolo del mio cottage di campagna, Bramble Lane dovrebbe essere situato a circa sette miglia dopo il villaggio, sul lato destro, il suo cottage si trova a un centinaio di metri lungo questa strada; - Credo che lì viva una coppia di anziani".

Jill spostò il vassoio dal centro, creando abbastanza spazio per il piccolo taccuino di Peter. "A proposito," ha sottolineato, "prendete nota degli orari dei nostri voli festivi: entro e non oltre le 8.30 al Terminal Quattro di Heathrow venerdì 24." Sarebbero passate solo tre ore e mezza da quando George ti ha riportato a casa dopo la tua battuta di pesca e dovresti essere già esausto dalla pesca!

Era piuttosto seccata dal fatto che il suo simposio di sei giorni a Bruxelles fosse coinciso con le tre settimane di vacanza di Peter, ma ha comunque trovato il tempo per visitare la famiglia in Spagna e Portogallo alla fine del mese. "Onestamente, Peter, avrebbe avuto più senso se tu fossi stato a casa a leggere un buon libro o a rilassarti con una tazza di tè pomeridiano mentre ti rilassavi," si lamentò, sorridendo con sollievo quando Peter rispose, "Oh beh, almeno noi me ne andrò presto e andrò in un posto più caldo".

La mattina seguente, Jill diede a Peter alcuni buoni consigli sulla pesca senza ombrello sotto la pioggia; poi li portò entrambi all'aeroporto, mentre Peter partì con suo cognato come autista per il viaggio delle vacanze.

Grazie mille per l'aiuto, George. Senza il tuo aiuto sarei rimasto completamente disorientato; dopo che il garage mi aveva promesso che la mia macchina sarebbe stata pronta, e poi aver scoperto all'ultimo momento che non sarebbe stato così, le cose sono andate in modo imbarazzante, anche se con lo svolgersi degli eventi potrebbe andare per il meglio; dal momento che il mio cottage non ne ha bisogno."

"Sembra un po' stagnante," rispose George pensando al pub del villaggio e alla birreria locale, "non mi andrebbe bene se fossi senza ruote.

"In genere mi sarei sentito esattamente allo stesso modo, ma non questa volta. Anche se può sembrare strano, mentre ero seduto qui a guardare la campagna scivolare via, la mia mente tornava alle cose che mio nonno aveva menzionato l'ultima volta che ero andato a trovarlo - tuttavia le sue parole non erano non colpiscono come fanno di solito a causa del mio stato d'animo stressato." Fece una pausa importante mentre considerava ulteriormente questa possibilità: "Il nonno è nato a Bramble Lane che stiamo attraversando; forse qualcuno riconoscerà ancora il nostro cognome o forse qualcuno sa che il suo cottage è ancora in piedi." Si prese un altro momento di riflessione:

George ha commentato al figlio maggiore di George: "Stai calmo, vecchio mio, potresti prepararti alla delusione".

"Potresti avere ragione a pensarlo. Il nonno aveva un modo così coinvolgente di spiegare le cose che ha davvero stimolato la nostra immaginazione. Mi ha dato degli schizzi dei suoi vecchi punti di pesca lungo gli stagni e i fiumi vicino a Bramble Lane; spero che questi punti esistano ancora poiché tutti i resoconti dicono che dovrebbe essere un ambiente isolato ma molto bello."

Peter si prese un po' di tempo per riflettere se il suo piano originale sarebbe stato vero una volta che si fosse sistemato meglio al suo posto.

"È stato piuttosto strano nel regalarmi questo anello," osservò George, mostrandogli il regalo. "C'erano anche dei vecchi soldi in una piccola borsa con chiusura a cordoncino. Mi ha detto che appartenevano tutti insieme e mi ha chiesto se potevo indossare l'anello." Dopo aver realizzato che se n'era andato solo pochi giorni dopo, questo viaggio è diventato qualcosa di emozionante - visitando luoghi segreti conosciuti solo da lui e visitando luoghi conosciuti solo da entrambi - mi mancherà davvero quel vecchio!"

L'auto ha rallentato ed è entrata nel parcheggio di un hotel di Shrewsbury.

"Dovremmo arrivare a casa tua entro un'ora o giù di lì," osservò con entusiasmo George, offrendosi di condividere alcuni panini dalla sua scorta: erano passate quasi due ore dalla loro colazione!

"Non so dove sia finita tutta questa roba; anche se una tazza di caffè aiuterebbe." George si dimostrò accurato nella sua stima: nel giro di un'ora dopo aver lasciato l'albergo trovò tutte le sue cose al loro posto.

Alla fine si ritrovarono vicino a quella che avrebbe potuto essere solo Bramble Lane; che corrispondeva a sette miglia oltrepassato il villaggio come da istruzioni.

Peter ha notato qualcosa nella siepe. Mentre si avvicinava notò la sua scoperta. "Posso vedere qualcosa là fuori."

chiese George, incredulo. Cosa potrebbe essere? urlò.

"Questo vecchio cartello, con la maggior parte della vernice scrostata, dice ancora 'Lane'; tuttavia, due lettere di 'Bramble' sono scomparse, ma siamo chiaramente arrivati alla nostra destinazione", esclamò Peter. "Quindi saliamo tutti sulla mia macchina e dirigiamoci verso questo luogo."

"Non è una buona idea; sembra un lavoro da fare a piedi," rispose Peter mentre tornava verso la sua macchina. Nessuna macchina riuscirebbe mai a percorrere la strada piena di solchi senza separarsi dal tubo di scarico o dalla coppa del motore. Comunque George, grazie mille; ci siamo divertiti moltissimo a pescare insieme: prometto qualche trota anche per te e senza dubbio molte storie di pesca che potrei ascoltare più tardi! Purtroppo adesso devo trasferirmi; la mia guida mi ha detto che sono solo 100 metri circa su questa strada; quindi spero di vedervi il 24 all'orario concordato in precedenza."

"OK, ci vediamo tra una settimana e buon divertimento!" - gridò George mentre si allontanava. Dopo aver raccolto la sua canna da pesca, l'ha fissata saldamente con due elastici a una delle sue valigie prima di allontanarsi.

E così ci incamminiamo lungo la pista polverosa. Divenne presto evidente che cavallo e carro dovevano essere l'unico mezzo di trasporto su questo percorso; profondi solchi su entrambi i lati lasciati da grandi ruote di legno con bordi di ferro lasciavano solchi profondi lungo il suo percorso, le rientranze al centro lasciate dagli zoccoli dei cavalli da tiro erano tutta la prova.

Dopo aver percorso circa mezzo miglio senza vedere alcun segno di abitazione umana, Peter si fermò per riposarsi su una delle casse e notò nelle vicinanze una vecchia pompa dell'acqua in ghisa parzialmente ricoperta di vegetazione che sporgeva da un'alta siepe.

"La vita umana!", esclamò ad alta voce, "Ben oltre l'esistenza!" Alzandosi in piedi e camminando verso di esso, si fermò per esaminarlo ulteriormente. Afferrando la lunga maniglia di ghisa, si sollevò lentamente per vedere se l'oggetto d'antiquariato funzionava ancora; le sue parti arrugginite emettevano forti rumori di protesta che mandavano in modalità di allarme gli uccelli che volavano dalle siepi e dagli alberi.

Allentò la presa come se avesse subito una scossa elettrica dalla maniglia. "Ciao campagna," sussurrò dolcemente. "La città è arrivata."

Non appena si rese conto di ciò che era successo, preparò con cura le sue cose e lasciò il luogo della distruzione.

Percorrere un altro quarto di miglio non riuscì ad alleviare la sua sensazione che qualcosa fosse andato storto, mentre le sue spalle e i suoi arti inviavano chiari segnali che non erano disposti a tollerare ancora questo trattamento. In quel momento, però, qualcosa gli diede speranza: un avvistamento inaspettato su una collina vicina.

Proprio in quel momento la pista aveva svoltato bruscamente a sinistra. Fu sollevato nel vedere un minuscolo cottage immerso nel suo ambiente naturale che sembrava antico e naturale come due antiche querce che si trovavano proprio alla sua sinistra. Nel frattempo, un percorso conduceva lungo il suo percorso.

Sul lato opposto del casolare c'era un cancello agricolo a cinque sbarre e più avanti conduceva ad alcuni piccoli annessi appartenenti a questa piccola azienda agricola.

Peter fu sorpreso di vedere il nome "Sanscroft" sopra l'ingresso del cottage; qualcosa che non è stato rivelato. "Non è stato spiegato", pensò tra sé.

Una volta sollevato, Peter lo lasciò cadere con uno schianto inaspettatamente forte, che ancora una volta fece strillare gli uccelli e fece rabbrividire dentro di sé Peter.

Dopo aver sentito dei passi rimbombare sul pavimento di pietra, la porta si spalancò per rivelare una figura divertita, ma leggermente confusa, di una donna materna di mezza età che indossava abiti piuttosto antiquati.

"Si signore?" rispose con un forte accento campagnolo, prima di chiedere, in risposta alla sua presenza inaspettata, in cosa poteva aiutarlo. Chiaramente questo incontro lo aveva colto di sorpresa.

"Ciao. Mi chiamo Peter Spencer. Pensavo che fossero stati presi accordi per restare con te per una settimana di vacanza.

"Beh, non ne ho sentito parlare; forse sei venuto nel posto sbagliato", rispose.

"Evidentemente qualcosa è andato storto e mi ha lasciato nei guai. Con i bagagli sulle spalle e sette miglia da percorrere per tornare a casa prima di raggiungere di nuovo qualsiasi villaggio... questa situazione non può che peggiorare ulteriormente!"

"Forse dovresti entrare," suggerì, "e possiamo discuterne mentre il bollitore bolle. A proposito, signore, mi chiamo signora Persill."

"Sono di Londra", annunciò rapidamente.

"Questo non è troppo sorprendente", rispose, "dato che la gente di città tende a vestirsi in modi che non si vedono da queste parti."

Attraversarono una seconda porta che conduceva direttamente in una stanza dal soffitto basso con finestre sia sulla parete anteriore che su quella posteriore, inclusa una che dava sul giardino del cottage. Sotto questa finestra c'era un grande tavolo ricoperto di stoffa pesante; sotto questa finestra c'era un'elegante lampada a olio in ottone con vetri color ambra; questa stanza affascinò così tanto Peter che anche durante una dolorosa malattia non poté fare a meno di cogliere ogni piccolo dettaglio; anche nel corridoio c'erano quattro sedie attorno a questo tavolo, tutte caratterizzate da pavimenti lastricati proprio come nelle sue pareti interne.

Sulla parete a sinistra del tavolo c'era un ampio comignolo con al suo interno un grande fornello in ferro nero con un fuoco aperto al centro. Il fuoco presumibilmente riscaldava sia un forno alla sua sinistra che l'acqua alla sua destra; c'era anche un impressionante rubinetto di ottone per un più facile accesso all'acqua. Sui fornelli situati sopra il forno e la sezione dell'acqua c'era una grande padella di ferro, diverse pentole nere e un enorme bollitore nero che la signora Persill stava riempiendo d'acqua fresca da una brocca adiacente. Il bollitore veniva poi issato con cura, con l'abilità appresa con la pratica, su un grande gancio che lo sospendeva ad una distanza ideale dalle fiamme. Dato che c'era molto spazio per la testa sopra la gamma - un metro e mezzo dal livello del pavimento! - c'era ampio spazio per la testa prima che il pesante ripiano in legno del mantello sporgesse e ospitasse una collezione di pipe di legno e argilla intagliate a mano insieme a diversi portacandele completi dei loro spegnitoio. pronto per l'emergenza.

Da un lato della cappa del camino era appeso uno scaldaletto di rame lucidato; sopra era appeso un vistoso gufo impagliato protetto da una cupola di vetro allungata; dall'altro lato era sospeso un orologio da parete, con il pendolo di ottone che oscillava avanti e indietro sotto la cassa di legno con finestra in vetro ipnoticamente avanti e indietro.

L'unico tappeto visibile giaceva sopra il fornello, mentre lì vicino c'era un'invitante sedia per rilassarsi comodamente.

Notò una pesante tenda appesa al centro che potrebbe aver nascosto un'apertura ai piedi di alcune scale, mentre a diversi metri di distanza c'era una porta non identificata che probabilmente conduceva ad un'altra stanza.

Sentì un debole suono provenire da una poltrona rivolta verso di lui e, dopo un'ispezione più attenta, notò un ragazzino rannicchiato che dormiva pacificamente al suo interno.

La signora Persill prese nota dell'osservazione inaspettata di Peter e notò che William di solito dorme a quest'ora ogni giorno a quest'ora. "Sembra insolito", ha osservato.

"Sembra contento," osservò Peter mentre l'anziano signore si sedeva su una delle sedie messe a loro disposizione e ben presto furono messi davanti a loro delle bevande calde e del pane fatto in casa.

"Ora ascolta," continuò sedendosi, "se senti il bisogno di tornare al villaggio, posso far sì che mio marito sistemi il nostro anonimo carro con cavalli per trasportarti. Una volta finito di tagliare il mais nel nostro campo inferiore - ci vorranno circa tre ore - può portarti. Anche se, ad essere onesti, abbiamo avuto ospiti che si trattengono per un po', anche se non vestiti in modo lussuoso come te. Ma qualunque sia il modo migliore per te, saremmo più che accomodanti ."

Grazie mille, sei incredibilmente gentile. Se tuo marito lo permette, vorrei restare una settimana. Idealmente, le persone che avrebbero dovuto organizzare il tutto avrebbero dovuto avere tutto organizzato entro quella data; inoltre ho intenzione di pescare dall'alba al tramonto, quindi non dovrebbe causare problemi!"

"Non preoccuparti, ce la faremo. Ora posso offrirti altro cibo o bevanda da mangiare o da bere?"

"No, sono pieno. Grazie."

"Seguimi, signore; ti mostrerò dove sono le cose in modo che tu sappia come muoverti.

"La gente di solito si riferisce a me come Peter", ha affermato.

"Oh no, non sarebbe corretto, visto che sei un gentiluomo di città così onesto," rispose.

Peter la seguì in una stanza a sinistra dell'ingresso delle scale coperte da tende dove probabilmente sarebbe stato preparato il cibo prima della cottura, poi attraverso un'altra porta negli spazi aperti al di là.

"Abbiamo un'altra stanza", rispose, "che può essere raggiunta solo attraverso quest'altra porta all'esterno. Ecco qua; dai un'occhiata all'interno. Dato che il suo muro esterno non riceve mai la luce del sole, quest'area funge da nostro punto più freddo; qui conserviamo gli articoli deperibili: non molti restano qui durante i mesi più caldi!

Dentro c'erano vari pezzi di carne cotta, alcuni fagiani alti, e una costata di pancetta ricoperta di mussola per proteggerla. C'erano anche piatti coperti sugli scaffali.

"Beh, questa è la nostra principale riserva alimentare; tutti gli altri bisogni che abbiamo possono essere soddisfatti dal nostro orto." Tuttavia, probabilmente questo non ti interessa più di tanto: ti ho portato qui per mostrarti dov'è la pompa nel caso in cui avessi bisogno di acqua; ma se arriva l'ora del bagno mattutino, ci sarà una brocca d'acqua e una ciotola sul lavabo."

Peter non ha potuto fare a meno di sottolineare il design stravagante e le caratteristiche stravaganti della pompa dell'acqua, che sembravano fuori posto con l'ambiente circostante.

Lei rispose che era davvero opera di suo padre: "ne trovò uno abbandonato in un campo vicino che doveva appartenere a qualche grande casa che un tempo sorgeva nelle vicinanze ma che poi fu bruciata e demolita".

Mentre proseguiva lungo il sentiero, si imbatterono in un piccolo edificio che, per la sua forma e dimensione peculiare, non aveva bisogno di spiegazioni nemmeno da parte di qualcuno della comunità signorile della città.

"Questa è la stanza piccola," spiegò, "nel caso ne avessi bisogno, se ha senso." Annuì con entusiasmo, sperando che questo potesse allontanarli dal letame della stalla lì vicino che stava rapidamente scaricando calore nell'atmosfera.

"Barney" era il prossimo itinerario di Peter. La sua proprietaria si è dichiarata orgogliosa di chiamarla sua. Quando Peter notò che Barney aveva delle grandi mammelle sotto di lei, decise di non fare domande imbarazzanti. Invece ha dichiarato: "Fornisce un delizioso latte cremoso". Barney poi voltò la testa come in segno di apprezzamento, prima di voltarsi per focalizzare nuovamente i suoi occhi castani sul leccare pezzi di sale color marrone che punteggiavano il terreno intorno a loro.

Peter rimase colpito da quanto fosse pulita la stalla di Barney. Il pavimento era spesso ricoperto di quella che pensò fosse paglia. In un angolo c'erano uno sgabello a tre gambe e diversi contenitori con maniglie: affascinanti richiami ad altri tempi; tuttavia sembravano antiquati rispetto alla signora Persill e alla sua casa.

I suoni sensazionali fuori dalla stalla fecero scappare rapidamente la signora Persill. Peter lo seguì da vicino, ispezionando attentamente ogni area prima di appoggiare il piede; per lui era importante essere cauto con le mucche.

Peter notò che la signora Persill era fuori e parlava animatamente con qualcuno che pensava fosse suo marito: sembrava che fossero usciti di recente da un romanzo di Dickens; sorprendente dal momento che questo individuo indossava abiti di seconda mano dalla signora Persill. "Di sicuro alla gente piace fare affidamento sugli abiti di seconda mano in questi giorni!" pensò Pietro.

A differenza della moglie, l'uomo aveva un fisico atletico con spalle magre e mani ricoperte di pelle marrone segnata dalle intemperie. I suoi baffi presentavano estensioni appuntite su entrambi i lati del labbro superiore che erano cerate con punte che si estendevano per un paio di pollici; anche a questi erano state apportate una o due modifiche per trasmettere un'immagine di un periodo precedente.

Teneva per la briglia un enorme cavallo da tiro che strascicava impazientemente il terreno con uno dei suoi enormi zoccoli pelosi. Con un cenno del capo verso Peter e un tocco della mano sul ciuffo di Peter, l'uomo e il cavallo si allontanarono velocemente al trotto come se avessero appena augurato la buonasera allo scudiero.

Quella sera si sedettero tutti insieme a consumare un pasto squisito - uno dei preferiti di Peter e anche abbastanza pacifico; a parte richieste occasionali di "posso averne di più, signore?" o annunci come "Ho preparato il pranzo per la tua battuta di pesca per domani mattina", non si parlava altro durante il pasto.

Sorprendentemente, Peter non provò alcun senso di inibizione, solo la confortevole sensazione che le chiacchiere inutili non fossero necessarie o necessarie - almeno secondo quello che il signor Persill aveva detto a Peter quando improvvisamente sussurrò: "Smettila di parlare!" Lei ricambiò il sorriso dolcemente come per dire "Non significa niente"

Suo marito doveva essere completamente esausto per quella diatriba; fu quasi certamente l'ultima parola pronunciata quella sera, o per gran parte della settimana.

Dopo cena, il contadino si sistemò accanto al fuoco, dopo aver prima tolto dalla mensola del caminetto una pipa gigante con un fornello sovradimensionato che misurava circa tre pollici di diametro e quattro pollici di profondità, dotato di uno stelo lungo circa dodici pollici che si arricciava verso il fuoco. bocca. Caricò la pipa con quella che sembrava essere circa un'oncia di tabacco prima di accenderla; seduto per mezz'ora mentre entrambe le mani sostenevano la ciotola mentre emetteva sbuffi di fumo come il camino di una locomotiva.

Dopo aver finito il carburante, tuttavia, la locomotiva decise che c'erano altre cose da fare e decise di uscire dalla porta.

"Ho notato che il signor Persill è molto tranquillo", notò Peter, "e spero che la mia presenza qui non lo disturbi troppo.

"No," rispose lei, "papà non riusciva mai a mettere insieme più di tre o quattro parole alla volta; suo padre era simile. Con chi altro potevi parlare là fuori nei campi tutto il giorno se non con il cavallo, che ne ha ancora meno?" dire?"

Ne approfittò per cambiare argomento: "Che fine ha fatto William e perché non è venuto a cena con noi?"

"Non si sentiva molto bene, così gli ho dato da mangiare e l'ho messo a letto. Spero che domattina andasse tutto bene. Ora ti devi sentire un po' stanco; forse dovrei accompagnarti nella tua stanza? Colazione inizia a cucinare intorno alle sei ogni mattina, anche se puoi alzarti quando preferisci. Vorrei aggiungere un piccolo promemoria: quando cammini vicino alla stalla mentre esci la mattina presto, assicurati che il portello dietro di te sia chiuso, altrimenti lo faranno. può pascolare qualche verdura."

"Certo. Le sei del mattino andranno benissimo. Non sono sicuro di averlo menzionato prima, ma penso di tornare piuttosto tardi ogni giorno; va bene per te?"

La signora Persill gli fece cenno di seguirla, allungandosi sulla mensola del caminetto per recuperare un portacandele dalla sua posizione e accenderne lo stoppino. Con quel gesto in atto, la signora Persill procedette attraverso un'apertura con tenda su ripide scale; il suo corrimano si è rivelato non essere altro che un ramo di un albero di due pollici di diametro ricoperto di corteccia originale che ha fornito una sorpresa piuttosto inaspettata; in cima arrivarono a un piccolo pianerottolo da cui si accedeva a tre stanze.

"Eccoci qui", annunciò aprendo la prima porta. La stanza era grande; o lo sarebbe stato, se non fosse stato per il grande letto matrimoniale con struttura in ferro che riempiva quasi completamente lo spazio con il materasso alto e la trapunta sovrapposta.

Peter sbirciò fuori dalla finestra mentre sua sorella controllava per assicurarsi che tutto fosse a posto, e riuscì a distinguere nella penombra la sagoma del signor Persill che stava scavando una lunga trincea attraverso il loro orto.

"Tuo marito non si prende mai una pausa?" chiese l'uomo.

"Per tenerci occupati, signore, dobbiamo assicurarci che tutte le nostre verdure siano piantate finché il tempo lo consente, altrimenti con l'arrivo dell'inverno soffriremo la fame. Dal momento che affittiamo solo questa fattoria, ciò che coltiviamo nel campo inferiore deve pagare l'affitto e nutrire gli animali e fornire olio per le lampade, candele e torba per il fornello, non ne avanza molto nemmeno durante un buon anno!"

Successivamente, la signora Persill ha indicato il luogo in cui lavorava suo marito.

"Ora, questa lunga trincea che mio padre sta scavando per raccogliere le carote e le pastinache del prossimo anno, una volta completata, quasi raggiungerà la mia vita. Poi riporta il nostro cavallo e il carro nel boschetto per raccogliere il terriccio delle foglie da mettere a strati sul fondo della sua trincea, prima setacciando nuovamente tutto il terreno in modo che le sue carote e pastinache pregiate crescano senza intoppi senza che le pietre si intromettano."

Peter era divertito dalle sue vivaci animazioni e dalle sue chiacchiere.

"Ee vince sempre il primo premio alle mostre. La gente si riferisce a mio padre come 'Il re delle carote e delle pastinache di Salop'. Per me personalmente, scavare le verdure può essere dolorosamente lento: il mio lavoro consiste nel stare fermo mentre mio padre scava finché non arriva su una punta di baffi; in questa fase tutte le misurazioni dei giudici contano allo stesso modo, quindi qualsiasi mio leggero movimento potrebbe rovinare un'intera fila, anche se sembrano assolutamente magnifici, la maggior parte è più alta di William!"

"Sembra davvero intrigante", rispose Peter.

"Questi mucchietti simili a collinette sparsi lungo l'estremità inferiore del tuo orto sono conosciuti come pinze: pieni di patate a strati e ricoperti di paglia con uno strato di terra molto spesso in modo che il gelo non possa penetrarvi in inverno. Quando ho bisogno patate, ne apro una quando serve e prendo quello che mi serve prima di richiuderla fino al prossimo viaggio!"

"È un'idea davvero interessante!" rispose con entusiasmo.

"I conigli sono diventati un problema qui, quindi di notte lasciamo Gyp libero dalla catena in modo che possa vegliare sulle nostre verdure senza essere divorato dai parassiti. Di solito mio padre esce alle prime luci dell'alba per dar loro la caccia lui stesso, ma ora non ha più polvere nera. "

"Cos'è esattamente la polvere nera?" chiese Pietro.

Bene, dato che non sembri avere familiarità con le armi in città, te lo spiegherò. La polvere nera è ciò che versi nella volata prima di aggiungere ovatta, pallini di piombo e altra ovatta per evitare che i pallini di piombo fuoriescano durante la caccia ai conigli. Quando si preme il grilletto, quando viene attivato tirandolo indietro colpisce qualcosa chiamato "capsula a percussione", che accende la polvere nera. So che queste armi più vecchie possono sembrare arcaiche; alcuni agricoltori tuttavia li possiedono ancora e spesso si prendono in prestito forniture aggiuntive finché non ne arrivano altre dai negozi del villaggio.

Peter parlò pensieroso. La signora Persill sembrava compiaciuta di questo commento e sembrava contenta che Peter avesse sollevato l'argomento.

"Dovrei muovermi," rispose, "c'è molto da fare prima che io e mio padre andiamo in pensione. C'è un tabacco da fiuto sul candelabro per aiutarci a spegnere e c'è anche un vaso di emergenza sotto il nostro letto nel caso fosse necessario," come è scomparsa attraverso la porta. "Spero che tu dormi bene stanotte."

Avrebbe riso forte se non fosse stato per la paura di essere ascoltato; nessuna persona sana di mente avrebbe mai potuto credere che un luogo così improbabile esistesse alla fine del secondo millennio; eppure per lui aveva un significato molto speciale.

Frugando sotto il letto, trovò un antico pezzo di ceramica con un lato recante una maniglia che lo fissava. "Grazie, ma no grazie," pensò tranquillamente tra sé mentre metteva in tasca una piccola torcia e si dirigeva verso le scale.

La signora Persill non era presente nella stanza principale, quindi si diresse verso l'uscita sul retro. Passando attraverso la piccola cucina dove avveniva la preparazione del cibo, vide una tortiera traboccante piena di deliziosi piatti di coniglio e quello che sembrava un portauovo rovesciato al centro: tutte prove che qualcosa di sospetto poteva cucinare nelle vicinanze.

Guardò la pasta stesa con cura in preparazione per coprire la torta e si rese conto che qualunque cosa ci fosse nella tortiera doveva avere qualcosa per evitare che affondasse nel sugo e inzuppasse la pasta.

Una volta fuori nel cortile, Gyp si diresse con cautela verso l'edificio imponente alla fine del sentiero. Si presentò rapidamente con un'arricciatura del labbro superiore che mostrava una serie di denti che qualsiasi tigre dai denti a sciabola sarebbe orgogliosa di mostrare.

"Non si preoccupi, signore," disse la voce burbera del signor Persill da qualche parte sotto terra, "baint un cane feroce; non morde gli estranei." Peter aveva la sgradevole sensazione che presto sarebbe potuto diventare colui che aveva messo alla prova questa teoria su di lui.

Incontrò la signora Persill mentre si dirigeva verso la casa a passi molto piccoli per non disturbare due secchi d'acqua che pendevano su entrambi i lati da corte corde collegate a un tuorlo di legno intagliato a mano sulle sue spalle.

"Sto prendendo l'acqua dalla pompa del giardino per la tua casa. Il tuo cavallo e la tua mucca hanno ancora bisogno della loro fornitura, mentre i maiali l'hanno già ricevuta, quindi non ci metterò molto!" esclamò con un sorriso entusiasta.

Peter illuminò la piccola stanza con la sua torcia; c'era uno scaffale con una candela pronta per essere accesa; su di essa c'era una tavola di legno con un foro per sedersi; sotto c'era un secchio per trattenere l'acqua; lì vicino c'era anche un chiodo su cui erano stati impudentemente inchiodati con mezzi sconosciuti dei quadrati di carta.

Quella sera mettersi a letto fu un'esperienza senza eguali. Per prima cosa tirò indietro la pesante trapunta prima di doversi lanciare verso l'alto per gestire l'estrema altezza del suo letto prima di atterrare in un'invisibile fossa di materasso di piume che lo avvolse come un abbraccio.

Poi sentì la sveglia dell'aia che segnalava che era ora che tutti si alzassero e risplendessero, o forse era solo il galletto che faceva sapere a tutti che desiderava la colazione.

Era necessario che speleologi esperti uscissero dal suo materasso di piume; ciononostante si alzò velocemente e presto cominciò a radersi con il suo rasoio a batteria. Una doccia con acqua fredda si è rivelata un'esperienza insolitamente rinfrescante quando ha scoperto che l'acqua calda lo aspettava appena fuori dalla porta della sua camera da letto in una brocca.

Quando William entrò nella stanza principale, un delizioso profumo di uova e pancetta lo incontrò, si scambiarono saluti tra tutti i presenti e il piccolo William si rifugiò rapidamente dietro la gonna di sua madre.

"È un vero gentiluomo, William; non si adatta facilmente agli estranei," spiegò mentre metteva un grande piatto di uova e bacon da far gustare a Peter. Mentre serviva il tè a Peter, disse che ci sarebbe stato pane e burro in abbondanza se ne avesse avuto bisogno.

Peter era particolarmente affascinato dal processo di versamento del tè e dall'insolita teiera; era grande per gli standard tradizionali, fatto di una qualche forma di metallo simile al peltro, con un manico non convenzionale formato da due pomelli al centro; per versare il tè, tazza e piattino venivano posti sotto il beccuccio piegato, prima di sollevare il coperchio utilizzando una di queste maniglie: funzionava in modo simile all'estrazione del pistone dal motore di un'auto ma senza tanta resistenza! Una volta sollevato tramite la manopola al centro del coperchio della teiera; all'interno è stata creata una leggera pressione verso il basso che ha causato il contenuto sotto pressione all'interno del quale ha causato l'effusione senza nemmeno il sollevamento della pentola stessa!

"Ho lasciato il tuo pranzo alla porta sul retro con la tua attrezzatura da pesca, e ho riempito quella cosa simile a una brocca (riferendosi a un thermos) che mi hai dato con del tè caldo - anche se mi aspetto che si raffredderà entro un'ora; questi concetti moderni sono troppo confuso.

Vuoi che tuo padre ti mostri alcuni dei posti speciali per la pesca in cui porta William?

"Nessun problema", rispose Pietro. "Ho già ricevuto la mappa con i luoghi per la pesca. Grazie comunque!"

William si teneva nascosto dietro la gonna di sua madre, ma continuava a sbirciare fuori per cogliere ogni dettaglio di questo nuovo membro della famiglia.

"Ehi," notò Peter con interesse. "Solo per curiosità; come ha fatto Barney a sapere il suo nome?"

"Bene, la nostra famiglia coltiva questa terra da circa duecento anni con molti bovini; ogni generazione ne ha sempre incluso uno di nome Barney come dettava la tradizione. Anche se potevo permettermi solo una mucca in questo momento, non potevo convincermi per romperlo."

"Giusto!" Peter rispose all'unisono: "nemmeno io".

I sogni si stavano avverando; non tanto perché ha pescato (quell'atto ha pesato molto sulla sua coscienza e ha portato molti a tornare alla libertà) ma per la facilità con cui le sue preoccupazioni sono scomparse in questo contesto. Invece, sembravano semplicemente andare a posto senza soluzione di continuità come parte della natura; sentirsi parte di tutto ciò che li circonda.

Il suo sguardo stava vagando lentamente attraverso le acque quando la sua attenzione fu improvvisamente attratta da quella che sembrava essere una piccola isola con una sorta di struttura all'interno del suo fogliame. Se era davvero così, allora doveva avere qualcosa a che fare con il riferimento della signora Persill a una tenuta della Great House; sfortunatamente era fuori dalla sua portata e presto divenne insignificante per lui.

"Buon Dio!" esclamò l'uomo quando notarono un germano reale emergere all'improvviso da alcune canne vicine, la loro improvvisa apparizione provocò uno shock che si diffuse in tutto il suo corpo e nel suo orologio mentre cercavano la sua fonte.

"Dove è andata a finire la mia giornata?" Mentre cominciava a mettere insieme le sue cose per prepararsi al pasto serale, qualcosa attirò la sua attenzione tra le canne e lui uscì per dare un'occhiata più da vicino. Ciò che trovò era un'antica barca semisommersa, che si capovolse facilmente ruotando lateralmente finché il peso dell'acqua non fu rimosso da essa, quindi la trascinò facilmente sulla terraferma. All'inizio sembrava un po' triste, ma dopo ulteriori indagini si dimostrò il contrario, così un'idea cominciò a formarsi nella sua mente.

Il tempo stava scadendo rapidamente, quindi sollevò in fretta le sue cose, solo che la sua gaffa da pesca rimase impigliata in alcuni giunchi e si incastrò tra alcuni giunchi. Tirarlo troppo forte nel tentativo di liberarlo lo fece cadere sulla schiena mentre si agitava selvaggiamente all'indietro portando con sé alcuni pezzi del suo orecchio sinistro sul suo cammino.

"Dannazione!" Esclamò sorpreso, temendo che si stesse verificando un danno più grave e si assicurò rapidamente un fazzoletto all'orecchio. Una volta tornato alla pompa dell'acqua si concesse un'accurata sessione di pulizia prima di tornare a casa; altrimenti il suo volto coperto di sangue potrebbe causare allarme all'interno della sua famiglia.

"Buonasera a te," venne dalla porta socchiusa dove passava Peter, seguito da: "Com'è andata la pesca oggi?"

Sbirciò oltre la porta del negozio di carne, dove la signora Persill stava semplicemente ricoprendo di mussola una fetta di pancetta tagliata per la colazione dell'indomani mattina.

"Ho trascorso una giornata piacevole; c'è qualcosa che posso fare per aiutarmi?" chiese, chiese.

"Beh, se non ti crea troppi disagi, forse ti piacerebbe dare una sbirciatina sotto il bordo per vedere se qualche uccello ha deposto le uova lì sotto? A quel punto probabilmente sarà buio, e a quell'ora forse una volpe sarà già li ho scoperti."

Nel giro di 15 minuti tornò a casa, portando con orgoglio 8 bellissime uova marroni nel cappello.

"Sembra che uno di quei pesci ti abbia preso", disse il signor Persill, lanciando un'occhiata all'orecchio intriso di sangue di Peter. Gli occhi di William si spalancarono davanti a questo incontro tra uno sconosciuto e qualcosa proveniente dal fondo delle onde.

In quel preciso momento la signora Persill era appena tornata dalla spesa al mercato della carne.

"Ho pulito e salato il tuo pesce. Domani mattina lo cucinerò e te ne preparerò un po' per pranzo!"

"Li ho presi per tutti noi!" fu la sua risposta, aggiungendo: "Se oggi fosse indicativo, ci sarà pesce in abbondanza per tutti. Tuttavia, la prossima volta, non commetterò di nuovo lo stesso errore e non porterò con me la mia gaffa, ma userò invece la mia rete". raccoglierli invece è molto più sicuro!"

Lunedì mattina, tutti rimasero sorpresi quando Peter chiese di una vecchia pagaia da canoa che era rimasta intatta per quelli che sembravano anni accanto alla vecchia stalla. Ancora più sorprendente è stato quando lo ha portato con sé!

Dopo un po' di tempo e dopo aver subito molti danni, Peter scoprì che la piccola barca galleggiava di nuovo. Entrando con cautela con tutti i suoi averi, attese per vedere se il lago si sarebbe unito a loro; ma ciò non accadde e la pesca continuò in varie forme e tecniche. Dieci minuti sembravano sufficienti perché Peter si rendesse conto che ciò non sarebbe successo, quindi la pesca continuò in tutti i modi nuovi e creativi.

Luoghi di successo ti aspettano per il resto della giornata.

Quella sera la signora Persill rimase davvero stupita di ciò che una vecchia pagaia poteva fare per la pesca del pesce; Erano arrivati così tanti che ce ne sarebbe stato per tutti per diversi giorni a venire! Anche se si sentiva in colpa a tacere per aver remato tutto il giorno sulla sua vecchia barca sulla riva, non voleva che nessuno si preoccupasse.

Il secondo giorno, quando un altro pesce entrò nella sua rete, si rese conto che non erano rimaste molte vacanze; eppure la sua mente vagava altrove; forse, con attenzione, sarei riuscito ad arrivare fino a quell'isola e ritorno; certamente invita a indagare. Trenta minuti dopo sbarcò dalla sua barca su una piccola isola isolata che probabilmente non aveva visto visitatori da prima che esistesse la Grande Casa; due pali marci segnavano il punto in cui una volta sorgeva un vecchio molo, che conduceva tra gli alberi lungo un sentiero invaso dalla vegetazione che si allontanava da tutto: gli ci vollero solo pochi minuti per percorrere tutta la sua lunghezza prima di tornare di nuovo a bordo della sua barca.

Ne vale la pena; lì c'era un notevole vecchio chiosco estivo in tutta la sua fatiscente bellezza, completo di tetto in rame verde, sostenuto da pilastri di ferro decorati, pavimento rialzato in legno duro circondato da balaustre ornamentali in ferro, tre gradini di ferro dal livello del suolo accedendovi tramite balaustre ornamentali in ferro balaustra balaustra balaustra balaustra balaustra balaustra ; il reticolo di legno rimane incollato qua e là; forse ricoprendo spazi aperti all'interno dei quali nel tempo fiorirono fitte rose anch'esse presenti; i loro antichi resti ricoprivano il pavimento mentre prosperavano nel corso dei secoli - qualcosa che questo viaggio aveva reso davvero molto utile!

Ulteriori esplorazioni hanno portato alla luce un piccolo negozio di mattoni. La sua porta di legno fatiscente pendeva ubriaca da un cardine prima di crollare al tocco. Ma ben presto la luce venne fatta luce su una sedia da donna dal design delicato, realizzata in metallo leggero; al suo telaio erano fissati due cuscini sbiaditi ma squisitamente ricamati a mano fissati sia sullo schienale che sul sedile; è stato commovente assistere all'eleganza che un tempo abbelliva questo posto. Tirò fuori e rimise la sedia sul pavimento del padiglione estivo, come se nulla fosse cambiato da decenni!

Trovò una sedia più grande all'interno del negozio, posizionandola a una certa distanza dall'altra e poi mettendosi comodo su di essa prima di spostarla un po' fuori centro per assicurarsi che fosse rivolta esattamente verso la sedia della sua compagna. Ha cercato di evocare un'impressione del luogo e di coloro che un tempo lo usavano tanti anni fa. Immaginò il reticolo pieno di rose profumate che diffondevano la luce del sole sul pavimento sottostante. Ha tentato di immaginare elementi ornamentali in ferro che si fondessero bene con l'ambiente circostante, così come un sentiero idilliaco fiancheggiato da luminosi fiori estivi che serpeggiava verso un robusto molo di legno che un tempo esisteva qui. Abbandonando la presa sulla realtà e creando immagini con gli occhi della mente, queste immagini sembravano meno strane.

C'era la minima possibilità che si fosse addormentato.

"Io ho!" Esclamò ad alta voce e rimase sbalordito quando qualcuno rispose con la propria voce:

"Devi esserti addormentato," affermò in tono inoffensivo una voce calma ed educata. I suoi occhi sorpresi si spalancarono alla vista di una giovane donna seduta di fronte su una sedia vuota che ora ne conteneva una. Assomigliava a qualcuno proveniente da un'ambientazione teatrale dell'era Regency del XVIII secolo.

"Sì-sì," balbettò, stupito che quella signora sembrasse conoscerlo. Qualcos'altro attirò la sua attenzione; sulle sue dita c'erano diversi anelli elaborati e costosi, così come sottili polsini di pizzo bianco che sporgevano dalle maniche; tutto questo gli sembrava sconosciuto e misterioso. Per mostrare i suoi ringraziamenti lui ricambiò il sorriso nel modo più rilassato possibile considerando il loro strano ambiente, sperando che non portasse ad un dialogo atteso, ma lei si limitò a sorridere soddisfatta e prese una piccola cornice di legno accanto alla sua sedia; quando lo spostò sulle sue ginocchia vide un'elegante villa immersa in splendidi giardini su di esso!

"Lasciami finire questo, Simon," ha affermato mentre sceglieva dei fili colorati (lui ha quasi risposto chiedendo 'chi diavolo è Simon? ') prima di promettere che era disposta a tornare a casa quando necessario...."

La sua voce fu improvvisamente interrotta da uno schianto improvviso alle spalle di Peter. Voltandosi velocemente, scoprì un grosso colombaccio che fuggiva velocemente da un vecchio ramo di un albero che giaceva sconsolato a terra; eppure qualcosa sembrava diverso: nessun fitto muro di rose gli impediva più la vista; invece si voltò rapidamente verso di lei ma non trovò altro che una sedia vuota invece di trovare sua moglie seduta lì ad aspettare.

Si prese un momento per ricomporsi prima di esclamare ad alta voce: "Che sogno straordinario!". L'immaginazione può operare la sua magia anche in luoghi remoti.

Poiché Peter era noto per essere pulito, riportò entrambe le sedie dove erano state trovate per la prima volta e stava per andarsene quando i suoi occhi caddero su una piccola cornice di legno contenente alcuni resti decomposti di arazzo ora privi di immagini, tranne un segmento sbiadito che mostrava parte di un grande palazzo e giardino.

Il tempo passò prima che la sua mente tornasse alla normalità; la criptomnesia si è rivelata determinante nella sua riabilitazione.

Peter si rese conto che il suo sogno doveva essere iniziato notando inconsciamente l'immagine sbiadita e la cornice quando entrava nel negozio, preparando la scena per il mio sogno. Con quella spiegazione razionale in atto, trovò conforto finché non vide una vecchia borsa che giaceva proprio all'interno del negozio di mattoni con il manico rotto; quando si chinò per guardarne il contenuto cadde fuori una bellissima miniatura dai bordi argentati di una giovane donna con la quale aveva appena scambiato delle parole! Era il loro quadro dipinto a mano!

Dopo essere tornato a casa, ha promesso di non rivelare il suo segreto.

La signora Persill notò durante la cena: "Sembri piuttosto sottomesso oggi; forse il camminare incessantemente intorno a quei luoghi di pesca ti ha sfinito.

"Sì, hai assolutamente ragione; ho intenzione di andare a dormire presto."

Dalla finestra della sua camera da letto, il signor Persill era al lavoro per scavare. Non c'è da stupirsi che non avesse niente da dire; dopotutto aveva sempre lavorato. Dopo essere rimasto sveglio per diverse ore in completo silenzio, prese l'accendino e lo applicò allo stoppino di una candela la cui fiamma vacillò per un istante prima di stabilizzarsi, lasciando intravedere la stanza. Dato che questa era l'ultima sera di vacanza del signor Persill, molte delle sue cose erano già state imballate, quindi spostando le gambe le spostò sul lato del letto per farle scivolare sul pavimento senza ulteriori indugi o ritardi!

Seduto accanto al lavabo, Peter si tolse l'anello della sovrana dal dito e se lo rigirò lentamente tra le mani mentre ripensava mentalmente agli eventi della settimana passata. Qualcosa nell'anello attirò l'attenzione di Peter: c'era un foro grande quanto uno spillo proprio sotto il bordo esterno! Incuriosito, Peter prese il fermacravatta dalla custodia e lo inserì nel foro; immediatamente si udì un clic udibile quando i suoi artigli si aprirono, facendo cadere la moneta sul pavimento; sotto questo spazio c'era una sottile base d'oro su cui erano iscritte delle iniziali che non avevano senso: queste iniziali non erano di suo nonno!

Prese la moneta d'oro, la rimise al suo posto e strinse insieme le dita, spingendo gli artigli dell'anello a tornare in posizione e ad assicurarne saldamente la presa attorno ad essa. Si udì un altro clic udibile mentre si mettevano in posizione con la presa salda sulla sua preziosa moneta.

"Bene," rispose la signora Persill mentre metteva via l'ultimo oggetto del pranzo, "è stato un piacere conoscerti oggi. Non appena i tuoi bagagli e tuo padre avranno finito di sistemare il loro cavallo e il loro carro, spero che il tuo amico non lo faccia." non dimenticare di incontrarci lì.

"Grazie mille. È stata una vacanza davvero memorabile con persone così meravigliose!" Infilò una mano nella giacca del cappotto per recuperare il portafoglio prima di chiedere: "Ora, quanto ti devo?"

Lei arrossì leggermente. "Non so davvero cosa dire; che ne dici di accontentarci di sette scellini e sei pence?"

Peter rimase senza parole alla notizia e tirò fuori tre banconote da cinquanta sterline da dare come resto. "Sette e sei penny non bastano!" urlò loro prima di mostrare tre banconote da cinquanta sterline come promesso dal loro leader.

"Nessuno qui usa i soldi di Londra; non avevo mai visto niente di simile prima", ha risposto.

Peter era mortificato mentre spargeva tutti i suoi beni terreni sul tavolo, sperando contro ogni previsione che gli occhi della signora Persill potessero in qualche modo vedere un'opportunità per salvare la faccia e salvarlo da ulteriore imbarazzo.

"Ecco!" - esclamò improvvisamente sorpresa la signora Persill, mentre all'improvviso prendeva alcune vecchie monete ossidate che erano cadute dalla borsa a tracolla di suo nonno sul tavolo. Nel suo stato di completa confusione osservò la signora Persill svuotare tutto sul tavolo prima di sommare la somma totale: "sette e quattro pence, cinque pence e sei pence - esattamente giusto! Nemmeno un centesimo in più o in meno del previsto!" esclamò con gioia.

I suoi pensieri cambiarono. Lei sorrise. "Scusa se ti ho fatto sentire in imbarazzo; purtroppo i soldi di Londra non sono ancora arrivati da queste parti; anche se tendiamo a restare indietro."

Peter si tolse l'anello dal dito. "Permettimi almeno di aggiungere questa somma come pagamento; la moneta d'oro può uscire se necessario."

Il suo viso si abbassò, mentre la sua rabbia divampava. "Ciò equivarrebbe a trarne un vantaggio ingiusto", ha ribattuto, e si sentiva particolarmente a disagio per aver ricevuto così tanti soldi per il loro piccolo contributo. In seguito si sentì malissimo per aver speso sette e sei dollari.

Peter rispose con un "molto bene" discreto e divertito. La sua mente vagò al potenziale valore di rivendita del vecchio denaro in un negozio di antiquariato nelle vicinanze, il che potrebbe spiegare la sua preferenza per quel denaro, anche se questo sembrava improbabile. Invece i suoi pensieri tornarono alla loro attività di agenzia di case vacanza: forse la signora Persill aveva preso contatti per un accordo?

"Che ne dici di regalare a William questo anello? A dire il vero, mia moglie non lo indossa molto spesso, quindi William lo indosserà quando diventerà adulto!" La signora Persill annuì con riluttanza in segno di approvazione.

Più tardi si fermò al cancello e salutò con la mano quando il signor Persill arrivò per aiutarla a caricare i suoi bagagli.

Alla fine, cavallo e carro si fermarono bruscamente all'estremità del vicolo, costringendo Peter a uscire. Una volta a terra recuperò le valigie prima di osservare il cavallo e il carro che svoltavano senza fretta attraverso la strada e tornavano indietro lungo il sentiero.

Peter sorrise e salutò il signor Persill con un cenno della testa. Il signor Persill ha ricambiato toccando il ciuffo di Peter con la mano come parte del loro modo unico di dire "buon pomeriggio scudiero".

Ben presto rimase solo e sedette pazientemente su una delle sue valigie aspettando l'arrivo di George.

George sentì il clacson di un'auto suonare nelle vicinanze e pochi istanti dopo l'auto di George si fermò accanto a lui per raccogliere i bagagli per il viaggio successivo. Tutto fu rapidamente preparato e partirono.

Peter era curioso di sapere cosa facevo esattamente in questi brevi viaggi settimanali.

"Bene," rispose, "in realtà ho un piccolo negozio che qualcun altro gestisce per me e una volta alla settimana lo visito per incassare i miei dichiarabili e intascare eventuali profitti rimanenti prima di tornare a casa.

"Non sto ascoltando", ha dichiarato Peter.

chiese George, mentre continuavano a guidare. "Che cosa hai da dire," rispose Peter mentre proseguivano il viaggio, "raccontami tutto della tua vacanza, vecchio mio." George acconsentì e raccontò a Peter tutto sulla loro vacanza - tuttavia, conoscendo il suo scetticismo, Peter mantenne tutti i dettagli non controversi, tralasciando tutto ciò che sollevava sopracciglia o avrebbe causato sospetti - come il suo nome - George fece un'osservazione su questo fatto che risaltò: Il cottage numero diciassette aveva catturato la sua attenzione come qualcosa di insolitamente affascinante...

Sans significa senza e Sanscroft mi suona strano."

Due settimane dopo, Peter e Jill tornarono dalla loro vacanza insieme al sole, più sani che mai. Il loro aereo è atterrato all'aeroporto di Heathrow e sono partiti per casa.

Jill è rimasta un po' sorpresa nel trovare solo due lettere sullo zerbino dopo aver inviato così tante cartoline e lettere ad amici e parenti. Con sua grande incredulità, uno proveniva dalla gente dei Country Cottages; questo è stato un vero shock.

Caro signor Spencer, purtroppo a causa di circostanze impreviste non siamo in grado di rimborsare il deposito.

Cordiali saluti...............

Jill aveva dei sospetti su Peter. Nessuno ha mai più commesso lo stesso errore! pensò, ricordando quanto lui fosse stato insolitamente tranquillo durante le loro vacanze e menzionasse a malapena la pesca come attività. "Peter, ho bisogno di parlarti!" annunciò con rabbia.

"Non essere sciocca, Jill; c'è stato qualche pasticcio. Farò immediatamente recapitare una lettera alla signora Persill." Tuttavia, poiché George mi aveva lasciato a Bramble Lane e domani farà il suo viaggio per portarmi di nuovo, potrebbe parcheggiare alla fine di Bramble Lane e camminare fino al cottage della signora Persill così possiamo dargli dei fiori da consegnargli per me. - oltre a occuparsi delle attività di pagamento."

Jill sussultò per ciò che sentì. Hai soggiornato in un cottage non pagato per un'intera settimana con persone che non ti aspettavi? "Mi sembra pazzesco!" Jill era sbalordita. "Ciò significherebbe restare non pagato con sconosciuti che non ti aspettavano nemmeno!"

"Per favore", rispose Peter, "sono confuso quanto te. Lasciamoci alle spalle il problema e confidiamo che George gestirà le cose per noi.

Peter era consapevole che le cattive notizie spesso arrivavano nei pacchi, quindi aprì la seconda lettera nella speranza che qualsiasi ulteriore informazione negativa potesse essere presentata in modo più positivo.

"Dobbiamo incontrare l'avvocato alle tre e mezza questo sabato", mi informò mio padre. "Si tratta del pacco che mio nonno ha affidato loro in custodia a nostro beneficio dopo la sua scomparsa.

Venerdì sera entrambi aspettavano con ansia la visita di George, dopo aver appena preso un caffè in cucina quando finalmente bussò alla loro porta.

Jill aprì la porta ed esclamò sollevata: "Finalmente!" Aspettava con ansia questo momento ormai da mesi e non si prese il tempo di calmarlo con una bevanda calda prima di chiedergli: "Adesso, qual è la storia di Bramble Lane?"

"Meglio sederci insieme," consigliò, "perché nessuno di voi due troverà molta soddisfazione dalla mia risposta.

"George," intervenne Peter, "prima che tu dica altro vorrei raccontare a entrambi la storia completa. Prima mi sembrava troppo incredibile per crederci."

Una volta che Peter ebbe finito di parlare, tutti tacquero prima che George finalmente riuscisse a sfondare e facesse un annuncio per rompere la situazione.

"Peter e io lasciammo il villaggio verso Bramble Lane lungo quella che viene definita 'la vecchia strada'. Lasciando Bramble Lane abbiamo svoltato su quella che viene chiamata la nuova strada che si dirama bruscamente a sinistra appena fuori e nessuno si è preso la briga di segnalarla, tipica dei villaggi rurali." Ancora una volta, quindici miglia dopo, tutte le strade si ricongiungevano. Ho controllato questa nuova strada e sono rimasto sorpreso quando Bramble Lane è apparsa esattamente dove avrebbe dovuto. Ma non era la nostra Bramble Lane; invece aveva carreggiate molto più larghe con finitura asfaltata rispetto alla mia precedente; così mi sono voltato e ho ripreso il suo vecchio sentiero. "Dopo averlo ispezionato attentamente da un capo all'altro, non c'era traccia di una vecchia strada che portasse da nessuna parte vicino a dove volevo, sono andato nella biblioteca del villaggio dove tutto è diventato chiaro! Una volta c'era stata una AMBLE Lane che portava da un la vecchia strada verso quella che era conosciuta come Persill Cottage-Farm; sfortunatamente da allora sono tutti scomparsi e la loro vecchia corsia e terreno sono stati demoliti dai proprietari terrieri, le sue siepi sradicate dai demolitori hanno ridotto in breve tempo gli edifici indesiderati; esisteva lungo il suo percorso; entrambi gli edifici sono rimasti come prova della sua vita precedente!"

Jill e Peter si guardarono increduli; la loro storia sembrava incredibile. "Non è quasi come se il cottage avesse compiuto il suo destino?" si chiese George ad alta voce.

Pietro è rimasto stupito e sabato si è presentato allo studio dell'avvocato per ritirarlo.

"Allora," chiese Jill mentre scrutava il pacco appoggiato all'estremità del tavolo della sala da pranzo, "dovremmo avere paura di aprirlo?"

"Niente affatto", rispose, "ma pensavo che avresti apprezzato il fatto che ti fosse concesso un tale onore.

Una volta aperto il pacco, hanno trovato una busta contenente una lettera non sigillata e una cartella recante il nome di suo nonno.

"Non sapevo che tuo nonno riempisse il suo tempo libero con simili attività," commentò Jill, aprendo la cartelletta e tirandone fuori diverse pagine. "Vuoi che ti spieghi?" chiese a Jill.

"Non l'avrebbe lasciato se non avesse voluto che lo ascoltassi, vero?" chiese Ivy, aggiungendo: "Sembra che ci sia un bel po' di poesia qui - spero che ti piaccia leggerla tutta. Fammi vedere se qualche altro studente vuole leggerla ad alta voce." Lei sorrise dolcemente.

Solo una lettura veloce oggi; questo si chiama "Brevi periodi assegnati".

Quante candele erano accese e spente oggi?

Questi fiori hanno lasciato nell'aria il loro profumo caratteristico;

Ma quello era in un'altra epoca e oggi non rimane nulla da condividere con gli altri.

Tanti piedi sono andati e venuti nel corso degli anni.

Il loro dolore è stato temporaneamente alleviato quando hanno tratto conforto dalla reciproca compagnia e dal sorriso sui loro volti.

Ad ogni passeggero è stato lasciato un regalo lungo il viaggio.

Tieni quei pensieri speciali vicini per brevi intervalli.

La canzone successiva è conosciuta come "The Thrushes Song".

I momenti di debolezza arriveranno e se ne andranno rapidamente.

Goditi ogni momento che rimane, da quel prezioso primo bacio, fino alla laurea e alla vita successiva.

Qualcuno che ami ha vissuto qualcosa di cui si pente.

Come vola via il canto dei tordi.

"Jill, anche la poesia sembra rilevante per la mia esperienza. Non leggere oltre."

Peter aprì con attenzione la sua busta sigillata. Una volta dentro, lesse ad alta voce il consueto preambolo prima di passare alle informazioni più pertinenti scritte con la grafia di suo nonno:

"Peter, c'è qualcosa che devo dirti che avrebbe dovuto essere detto molto tempo fa.

Come mi hai sempre conosciuto, il mio nome iniziale era William Persill e non William Spencer.

I miei genitori mi hanno cresciuto fino all'età di dodici anni a "Sanscroft", in Amble Lane. Sfortunatamente, però, mio padre si ammalò gravemente e in seguito morì, lasciando mia madre a soffrire per un altro anno di inverno prima di morire.

"Durante i suoi ultimi istanti, mi disse che avrei dovuto ricevere l'anello d'oro con dentro la sovrana. Lo spiegò in questo modo: Ricordi un gentiluomo di città che venne a pescare e ci diede sette e sei pence? Ebbene, quello l'ho tenuto da parte. sette e sei pence per una giornata piovosa - sarà con questo anello nel mio cassetto vicino al letto".

Dopo la morte di mia madre, il proprietario terriero trovò una famiglia di nome Spencer che mi adottò e mi diede il loro nome.

Furono subito distratti dalla loro conversazione quando qualcosa cadde dalla cartella di Jill e rotolò sul tavolo, fermandosi davanti a Peter non appena raggiunse il suo posto: era la sua fede nuziale!

esclamò Pietro incredulo. "È impossibile!" Afferrò rapidamente uno spillo dalla tasca e lo infilò attraverso un'apertura sul lato dell'anello: con un clic udibile, gli artigli si aprirono di scatto, liberando la sovrana dal suo posto sulla sottile base d'oro recante le sue iniziali W P.

Jill fissò incredula le sue iniziali. "Che meraviglia! Eppure hai regalato proprio questo anello a un giovane William Persill!" Guardò l'orecchio sinistro danneggiato di Peter; Jill si ricordò che chi aveva dato a Peter quell'anello lo aveva anche danneggiato con una gaffa; siamo rimasti una settimana; pagato sette e sei pence.

Peter stringeva forte la foto incorniciata d'argento di un'attraente giovane donna del passato. Dopo un'attenta considerazione, lo rimise in tasca; forse era già stato detto e mostrato troppo.

Jill ha notato qualcos'altro all'interno della cartellina, quindi l'ha aperta per rivelare una piccola borsa con chiusura a cordoncino piena di aneddoti e poesie di Gentle Clouds and Other Things: conteneva un'altra sorpresa! Jill lo tirò fuori lentamente. Una piccola borsa con questo contenuto cadde pesantemente sul tavolo e il suo contenuto tintinnò come denaro vecchio mentre Jill lo teneva stretto. Jill ha rapidamente messo via ciò che era rimasto dentro e ha trovato qualcosa di interessante: questa piccola borsa con chiusura a cordoncino conteneva "Aneddoti, poesie, nuvole gentili e altre cose!" Jill pensò rapidamente prima di aprire questa particolare busta di informazioni contenente aneddoti, poesie, nuvole gentili e altre cose - All'interno è stata trovata un'antologia che Jill può leggere ad alta voce a Jill, anche se Jill ha trovato solo "Gentle Clouds and Other Things - antologie che ho trovato nelle sue profondità. Jill tirò fuori questa piccola borsa con chiusura a cordoncino quando si rese conto che cosa c'era dentro. Al suo interno c'erano aneddoti e poesie, Gentle Clouds e altre cose. Questo venne fuori rapidamente mentre Jill iniziava a leggere alcuni aneddoti e poesie con Gentle Clouds e altro. Cose

Su queste volte azzurre d'alta quota.

Un artista al lavoro

In pochi istanti, qualsiasi problema sembra scomparire completamente e la risoluzione avviene istantaneamente.

Rimodella in un altro modo.

Il cielo spazzato dal vento ha portato con sé un po' di sollievo.

Forme in movimento che corrono.

Solo per una durata istantanea un evento come questo può avere un effetto così enorme.

Continua lo slancio verso una nuova vita!

Queste forme cosmiche hanno portato la luce dallo spazio profondo verso la terra.

Danza la terra e il mare

Immagini accattivanti che manterranno incantato il pubblico

Ad ogni nuova geometria emerge questa forma fugace. Eppure la sua apparizione sembra fugace.

Tuttavia, nonostante le apparenze contrarie, la vita continua ancora con tutta la sua forza e determinazione.

Le cose che rimangono nascoste sono difficili da identificare.

Ma poco è cambiato per quanto riguarda l'occhio di Febo.

I concorrenti combattono per mantenere il controllo.

Selene rimane nella sua forma paariana.

Giocare all'assenteismo interlunare.

Tuttavia, quando il mondo dormiva tranquillamente, nulla era cambiato.

Animazione della respirazione.

Nuvole da incubo irrequiete

Madre della Creazione? Potresti dire.

L'aria, tuttavia, rimane costante.

Nuovi look freschi adatti a ciascuna delle loro personalità dinamiche

Sottile guglia inclinata verso il basso.

Quindi piange per provvedere ai propri figli.

Poiché le gemme scintillanti brillano come lacrime di gemme scintillanti.

Esplora ora la magia dell'alchimia.

Gli steli di Phoebus sono di colore dorato.

Bei ricordi nei luoghi preferiti

Le persone spesso associano bei ricordi ai luoghi.

Le tue cose e i tuoi volti preferiti,

Gli oggetti antichi preziosi possono solo aumentare di valore nel tempo.

Mantieni le tue casse al sicuro fino al momento dell'adunata!

In ogni caso, ci sarà un costo

Amore trovato inaspettatamente; non previsto né desiderato

L'amore rimane indistruttibile e mantiene intatti i suoi legami.

Prenditi cura o prenditi cura di te

I trionfi dell'amore potrebbero essere compromessi.

Il vino ha le sue caratteristiche e tutti tendiamo a privilegiare alcune bottiglie rispetto ad altre.

L'amore può legarci.

Il vino è stato escluso da questa lista.

Sconosciuto alla maggior parte di noi e quindi imperdibile.

L'astinenza non fa più sì che i sintomi rendano nota la loro presenza.

Amore che non è mai volato via

Qualcosa dentro di te è diventato parte di ciò che sei adesso.

Un giorno dovrà essere strappato.

La vita deve andare avanti nei suoi modi indifferenti e deprimenti.

Yeager Years Dreams di Rachelle Jones-Hogan Una ragazzina si rannicchia nel letto mentre i suoi sogni si realizzano in questo breve racconto animato tratto da Yesteryear's Dreams.

Non appena la candela fu accesa, le sue ombre si dispersero rapidamente.

Era consumata dai pensieri e dalle immagini che le riempivano la testa.

Le ombre tornarono, cercando e dando la caccia a coloro che si trovavano sul loro cammino.

Si impennavano su giocattoli e bambole.

Partecipa a una danza vivace!

Candela spenta, ha smesso di brillare.

Bambini assonnati mentre l'orologio segna le nove.

Il suo splendore grida in disgrazia per Sun

Nascondi la sua fiamma dietro una nuvola.

Quando l'oscurità cade su una festa ubriaca.

La sua luminescenza illumina tutto ciò che lo circonda.

Il coro dell'alba confonde così la notte.

Anche le creature della notte tendono ad andare a letto presto.

Mistero Primordiale per Flora attraverso i suoi colori, i suoi profumi, le sue tonalità verdeggianti e il suo misticismo unico

Molto prima che il nostro pianeta diventasse abitabile, la sua fauna prosperava sulla Terra.

Deve accadere in questo modo; nulla cambierà questo corso degli eventi.

La fauna selvatica non ha bisogno di terreni sterili come casa.

Cose da assaggiare, annusare e vedere

Poiché questa scuola non accetta iscrizioni da parte degli studenti, questa offerta non soddisfa alcuna esigenza di personale.

Nessun occhio è ancora nato per sorvegliare questa terra.

Senza mai battere i piedi nella sabbia.

Flora contiene messaggi indicibilmente potenti sulla vita stessa.

Aprire gli occhi sarebbe sicuramente seguito.

Dovrei fidarmi di questi occhi

Aveva quello sguardo speciale sul viso mentre sorrideva perché tu potessi vederlo.

Almeno, poteva farlo meglio di chiunque altro. Nessun altro aveva il potere di dipingere immagini così vivide come lei.

Dovrei fidarmi di questi occhi ammalianti?

Questo è tutto: non serve nient'altro.

A volte questo può essere un approccio troppo desideroso.

In precedenza, ho sperimentato aziende che mi fornivano false speranze.

Le mie emozioni mi dicono il contrario; il mio corpo dice la verità:

Pensieri che portano alla vergogna.

Durante i miei anni di viaggio non ho pensato nemmeno una volta di diventare vegetariano.

Le sue paure potrebbero essere paragonabili.

La figa considera le zampe e i loro effetti

Avrei paura di una casa infestata? No, invece mi addormenterei per la noia

Ma non troveresti nessuno.

Ovunque i gatti trascorrano del tempo, ciò potrebbe indicare potenziali problemi comportamentali in loro.

Ridurre gli angoli ciechi significa vedere ciò che non c'è.

Potrebbe esserci una risposta a questo enigma?

I fantasmi hanno sempre giocato ingiustamente?

Immaginaci tutti vestiti in modo uniforme; questo ci farebbe sembrare arroganti e ci impedirebbe di fare le cose come dovrebbero? Sicuramente ci sarebbero meno atti incontrollati.

Le riforme calviniste e la dubbia moralità sembrano sospettosamente familiari: siamo così paranoici riguardo alla nostra mortalità come esseri umani?

Tutti i gatti sono superstiziosi?

Fa il giro di una scala

Quale soluzione sembra loro più prudente? Realizziamo bambole voodoo piene di spilli?

Ci stiamo rivolgendo a cavalli e cani come protettori contro i nostri peccati? È interessante notare che molti credono che entrambe le specie possiedano capacità soprannaturali per guidare le nostre vite e liberarci dalla punizione eterna per le nostre trasgressioni. È strano come cavallo e cane abbiano connessioni spirituali così simili.

Tuttavia, topi e conigli non sono preda di questa malattia come facciamo noi gatti.

Gli esseri umani mostrano alcune tendenze comportamentali bizzarre.

La natura sembra offrirci tutti i tipi di creature da scoprire.

Attribuire ciò che non c'è può essere difficile.

Tranne la razza umana!

È abbastanza insolito!

Gli occhi di callo si sono abbassati da soli Sono tornato in un posto che conoscevo bene dove c'erano stati problemi in precedenza, vale a dire gli occhi di callo si sono abbassati da soli

Nessuno gli ha mai dato il dovuto. Eccolo qui; ciò nonostante.

Come sotto un cielo oscuro.

Mentre la terra rotolante si spostava verso est, il suo movimento di rotolamento alterava gradualmente la direzione.

Con una velocità sorprendente, raggiunse il successo.

La fine del mio viaggio è arrivata!

Accendi il caldo mentre combattiamo i cieli grigi dell'alba.

Dì addio al suo andamento e di' addio a tutto.

In quel momento risvegliato ho assistito a qualcosa di sorprendente e scioccante.

Come un tempo gli occhi ingenui potevano percepire.

Dove esiste l'amore, l'inverno muore.

Specifico per l'estate, spia.

L'amore è cieco verso tutti.

Non cedere alle richieste degli altri.

Simulacro Sogno/i diurno/i C. Un sogno che credeva di esistere;

A ottantacinque anni scopre che il suo sogno non aveva mai veramente preso forma. Invece, sognò e morì di nuovo, proprio come aveva fatto prima in diverse fasi e punti del suo viaggio.

Ogni partitura è stata riscritta utilizzando formulazioni specifiche che rappresentavano sia il sognatore che il sogno.

I sognatori hanno un certo margine di manovra nell'ambito del tema che hanno scelto da soli.

Improvvisare sul tema

I sub-script offrono ai subordinati l'opportunità di dimostrare i propri attributi individuali.

Anche i sogni notturni sono parte integrante del nostro sonno e sono anch'essi indicatori importanti.

Stai al sicuro dai piani del male con simboli da decifrare che contengono significati cruciali.

Ma anche molti altri sperimentano sogni quotidiani con temi simili e variazioni interattive sugli stessi.

I sogni sono programmi.

Questi corsi avevano lo scopo di fare il loro corso.

I simboli dei sogni sono sempre stati simboli di terrori notturni.

Indicare i modi per prosciugare le loro fonti.

Gli straordinari avvenimenti di Tallabudgera Creek Alla fine, Tallabudgera Creek si ritrovò con una nuova identità.

Questo fiume, fresco e limpido, stava gradualmente assumendo la salsedine.

Dal mare provenivano suoni minacciosi e oscuri che indicavano un predatore con la coda sferzata in avanti, pronto a colpire.

I bagnini hanno gridato a tutti coloro che nuotavano di uscire velocemente il prima possibile. A monte, il fiume tagliava un affioramento di basalto che sosteneva quello che sarebbe poi diventato il suo ponte finale.

Sotto questo ponte, l'abitante si fermò bruscamente quando incontrò un avversario inaspettato: un bagnino su una barca aveva allestito la loro area di accoglienza e silenziosamente la creatura si immerse sotto la sua superficie.

Sono stati utilizzati i remi dei bagnini, colpendo la schiena di un animale con forza brutale.

Gli osservatori rimasero sbalorditi. Ciò a cui avevano appena assistito sembrava impossibile: un animale era semplicemente esploso in centinaia di pezzi che volavano. Un bagnino è riuscito a salvare alcuni pezzi per i soccorsi prima di chiamare un'ambulanza per ulteriori cure mediche.

Ma ciò che teneva in mano non sembrava adattarsi.

Si dimenava e saltava qua e là.

E poi sono ricaduto nel torrente, disorientato e disorientato.

Come accennato in precedenza, se si restituiscono componenti aggiuntivi, si prega di restituire anche quelle parti.

Rover ha tentato di riformare la loro mostruosa cricca. Anche dopo essere stato trovato privo di sensi davanti alla porta di casa, Rover non si è arreso; in seguito ha fatto un notevole ritorno e ha continuato a combattere con successo.

Ancora con un'aria un po' stordita e disorientata, il veterinario ha fatto la sua previsione: i panini erano probabilmente tossici e dovevano essere rapidamente eliminati dal suo organismo.

"Panini di carne!" esclamò una signora emozionata, "George ne ha mangiato uno a pranzo, Rover ne ha fatti due o tre e io ne ho preparato qualcuno anche per il brunch!"

Ha chiamato rapidamente l'ambulanza, che ha risposto rapidamente e ha salvato George dal lavoro e lo ha portato via sano e salvo, salvandogli la vita da potenziali lesioni derivanti da eventuali minacce da parte dei colleghi di lavoro.

George stava uscendo barcollando dall'ospedale, con il clistere finito. Sua moglie era instabile mentre seguivano Rover.

Dopo aver sentito cosa ha detto il loro ex lattaio sul modo in cui aveva lasciato cadere una cassa di latte sulla testa di Rover, hanno deciso di separarsi da lui.

Tre pescatori stavano discutendo sul tipo di frutti che una mera dello Shropshire potrebbe produrre quando attraversa un campo verso di essa per esplorare i potenziali risultati.

Il problema era che avevano solo un paio di trampolieri, lasciando due persone con i piedi bagnati, lasciati da uno a cui non importava.

Stavano passeggiando casualmente nel cuore di un pascolo quando all'improvviso la loro conversazione si interruppe; all'improvviso le mucche disperse avevano lasciato un sentiero segnato tra loro e loro.

Si erano imbattuti in un'enorme bestia che aveva bloccato loro la strada; mentre tentavano di oltrepassarlo rimasero congelati sul posto.

Una placca di metallo fissata attorno al suo viso gli aveva fatto alzare la testa in modo da poter vedere. Li separavano solo 10 piedi; gli uomini furono colti di sorpresa quando videro i suoi occhi arrabbiati fissare il bersaglio previsto.

Subito un brivido improvviso ruppe il silenzio.

Tre uomini se ne andarono rapidamente non appena le loro gambe ritrovarono l'appoggio.

Il toro esplose come un'esplosione, muggendo, urlando e ruggindo forte.

Mentre saltava e si impennava nell'area, il terreno venne squarciato dal suo passaggio.

Una volta smesso di avanzare, si fermava di nuovo, alzava la testa e prendeva di mira un individuo che si trovava nelle vicinanze.

Una volta scoperte le corna, il toro si lanciò in azione; sfortunatamente per lui, però, il bersaglio venne a conoscenza del suo arrivo e cambiò rapidamente direzione; senza modificare affatto la sua rotta!

Questa creatura balzò in avanti per circa trenta metri prima di dissolversi nel nulla.

Ancora una volta, si arrabbiò quando le sue corna e la sua preda non si incontrarono.

Poiché prendeva di mira un'altra vittima, il suo risultato era prevedibile e prevedibile: il vittimismo.

Tormentava e perseguitava ogni uomo come se stesse accadendo qualcosa di folle.

Ma tutti gli uomini furono fortunati: ognuno trovò il suo recinto dopo aver imparato una lezione fondamentale su come evitare tali eventi in futuro.

Sebbene un uomo abbia imparato più degli altri; le sue gambe erano più lente delle altre; quando si viene inseguiti da un toro, la mossa migliore è la rapidità e i piedi liquidi.

Atto I) Il mondo come palcoscenico

In cima a una montagna si trova una distesa di territorio inesplorato: "Everest".

Prima che arrivasse l'alba, nuvole epaiste coprivano il cielo con un'oscurità oscura e densa.

Le linee di battaglia erano state tracciate e ne erano seguite battaglie su entrambi i lati della disputa. E poi, su un confine lontano, apparve qualcosa di spiacevole: forse qualcuno con forza militare?

Una volta raggiunta l'ascesa, Eolo continuò la sua campagna per la gloria.

Le nubi occidentali furono squarciate.

E così contaminare tutto.

Le legioni condannate della storia seguono l'esempio mentre la loro vittoria vacilla.

Dove il valore nella sua ricerca prende il volo.

La coesione aziendale richiede dedizione. Per raggiungerlo è necessaria l'unificazione. Le varie nuvole devono quindi lavorare di concerto.

Mentre ti superano correndo per strada, i bastardi fuggono.

I venti occidentali soffiarono incontrollati finché tutti scomparvero alla vista.

Dopo di che scivolò via la notte vestita di velluto nero.

Termina la sua privazione dell'aria respirabile.

Riposa affinché tutte le terre diventino di nuovo pacifiche.

In questo modo non ci sarebbero pressioni su di loro dall'interno della Sindone.

Sky, dove si svolgono le masterclass sulle pietre preziose.

Lotta contro la Luna (Atto 2)

Secondo atto con le tende tirate

Tutti appaiono sul palco vestiti per impressionare.

Chiaro come illuminato,

Echo ha assunto il ruolo di osservatore silenzioso. Percepisce ogni rumore intorno a lei, ascoltando con ogni orecchio qualsiasi segno di angoscia o piacere da parte degli altri nella stanza.

I rumori contenuti all'interno degli involucri non si riverberano verso l'esterno.

Selene si prende del tempo per considerare le immagini che crea, la sua eleganza che si rivela ad ogni clic.

I laghi a specchio costituiscono un'ambientazione opportuna per la vanità sui laghi a specchio.

Nessuna luce cade più delicatamente di quando si utilizza il LED.

Entra attraverso le fessure nel vuoto.

I veli bianchi sono decorati con fronzoli

Gli oscuri sono stati meno impiegati.

Ombre, figli della luce.

Fuggì verso sottovento con cautela, appoggiandosi sia al muro che al palo per sostenersi.

Ricostruire gli alberi per farli assomigliare a quelli reali.

Le ombre, d'altro canto, sono come le onde che lambiscono le coste della costa.

Tutte le forme di materia comandata sono intrinsecamente magiche.

Il prologo della mattina deve attestare questa realtà.

Si udì cantare verso ovest per tutta la notte.

L'alba emerge all'improvviso dal suo sonno onirico per incontrarlo e fare pace.

Rilanciare Selene nel suo viaggio.

All'inizio cercò di nasconderlo ma lentamente iniziò a perdere il suo splendore.

Ogni momento lungo la strada passa. Ogni nuova alba emerge portando con sé qualcosa di vecchio.

Man mano che i giorni passano e alla fine devono passare, l'abbandono spesso segue l'esempio. Alla fine, però, i nuovi inizi appariranno quando i giorni avranno avuto il loro dovuto.

Sequenze fresche e imprevedibili.

Questo processo abbraccia ogni aspetto della vita.

Tutto è cambiato adesso.

Andando avanti con risonanza alterata.

Questo compromesso "nuovo per vecchio" non lascia nulla di sbagliato.

Sono qui per presentarne uno che potresti non conoscere

Gli oggetti rari e delicati possono spesso essere difficili da ottenere.

Raggiungi le stelle e trova il loro gemello, il tutto sentendoti sicuro di te stesso e trovando la pace interiore.

Raggiungere, chiamare e fiorire da soli non può bastare.

Perché possa esistere nella sua forma attuale, è necessario che si verifichi il tatto. Altrimenti perché è successo?

Ciò che non può essere realizzato è dovuto alla mancanza di consenso.

Incapace di essere ciò che un altro significava,

Ma i momenti preziosi non possono essere riconquistati; devono essere vissuti.

Non sederti a guardare e non permettere alle ombre di prendere il sopravvento.

In tenera età, la mia famiglia mi trasferì in campagna. A quel punto la mia innocenza era già stata compromessa.

Attraverso un lungo e tortuoso viottolo con alte siepi e una distesa d'acqua, caratterizzata da canali sia poco profondi che ampi, si raggiungeva un'enorme casa, che consentiva l'arrivo alla casa di destinazione.

A circa tre piedi di altezza, sono andato in campagna.

Erano comuni le piccole case nascoste in vicoli stretti.

Le siepi erano così basse che l'acqua riusciva a malapena a trovare la strada attraverso il fossato.

Doveva essere rimasto per tre secoli in un'area isolata, dimenticata e solitaria, finché non fu finalmente portato alla luce da sotto la chioma di una foresta, decomposta e ricoperta di piante ed erba.

Il tempo sigillava ermeticamente le sue aperture, ermetizzandole ancora di più mentre la presa ermetica del tempo si stringeva ulteriormente e l'edera appesa al soffitto prendeva un ultimo respiro di vita prima di cadere completamente.

Una piccola fonte di luce brillava come la luce tremolante di una candela.

Luci modellate illuminavano l'oscurità, portandone di più alla vista. Le pareti erano crepate e deformate da piccole finestre invisibili; le vecchie foglie giacciono pacificamente dove non soffia il vento.

Mentre ero lì trecento estati passate, sognando una stanza quasi irraggiungibile che non avrebbe resistito alla prova del tempo, la mia immaginazione iniziò a immaginare la mia fatidica fuga.

Questa sacra visitazione provocò onde d'urto attraverso il mio corpo poiché tutto ciò che prima era rimasto oscuro veniva ora messo vividamente a fuoco.

La luce del sole si era ora diffusa sul pavimento come una distesa di calore, fornendo un calore confortante su cui poggiare i miei piedi.

Dove la luce filtrava attraverso una porta di legno aperta. Ho guardato con meraviglia e ho vagato liberamente tra gli oggetti semplici prima di esplorare oltre per intravedere radure che offrivano panorami adatti ai re.

Le viole sbocciavano davanti alla mia porta, diffondendo una dolce fragranza fragrante nella stanza. Non appena mi inginocchiavo e ne sceglievo con cura uno dalla sua vite, la sua fragranza riempiva l'aria e potevo percepirne l'aroma in ogni respiro che facevo. Ma subito dopo ci fu chiaramente la prova della mia attività all'interno.

Man mano che mi sentivo sempre più a disagio, i miei nervi cominciavano a logorarsi.

La mia mente cominciò a vagare non appena vidi che la stanza era cambiata; c'erano ancora una volta oscurità e decadenza e mi sentivo disorientato. Per ore il mio sguardo si è soffermato su questo dipinto appeso al muro di un luogo da tempo dimenticato.

All'inizio mi sono accontentato di un'anomalia; questa mi sembrava la soluzione più sicura finché non ho notato ai miei piedi...........una viola appena colta.

Recentemente ho installato un vecchio dipinto della mia collezione nel mio spazio abitativo per esporlo.

Mi sembra di ricordare di aver visto un'immagine con uno sfondo strano, qualcosa come la vista interna di una capanna o di una baracca abbandonata, vittima degli sforzi di bonifica della natura.

La sua origine era in una casa abbandonata.

Si credeva morto e sepolto: il suo proprietario assente non aveva lasciato alcun testamento o documento di pianificazione successoria.

Sprofondai profondamente nella mia sedia e contemplai per un po' prima di dare una risposta.

Me compreso, questa storia ha portato gioia.

Poi è caduto un tronco pesante e inaspettato, interrompendo l'incendio.

Mentre le fiamme salivano più in alto e illuminavano la stanza, le loro forme tremolanti fornivano strane forme mutevoli che sembravano alterarne la cornice e trasformare l'immagine al suo interno.

Non appena aprì la porta della sua baracca, un sole sconosciuto ne illuminò l'interno.

La coscienza allora divenne sconnessa per un istante o giù di lì.

Il mio cuore era spezzato perché il telefono non tornava dove avrebbe dovuto.

Mentre mi avvicinavo, il mio stomaco cominciò a rivoltarsi, poiché mi ritrovai improvvisamente preso dal panico per ciò che era accaduto.

Mi sono ritrovato su un terreno sconosciuto.

Mi sono ritrovato all'interno di una baracca ristrutturata e pulita.

Una volta il mio dipinto era appeso in questa cornice.

Mentre cercavo di sfuggire alla sua presa, in preda al panico, mi sono voltato solo per scoprire un muro inaspettato non incluso nella foto: era appeso un dipinto ad olio raffigurante la stanza da cui ero appena uscito.

Il fuoco e la sedia della mia presenza erano completamente scomparsi.

Mentre cercavo disperatamente di scappare, mi sono voltato verso la porta.

Sebbene tutto ciò che potevo vedere indicasse il ritiro, non ho preso quella strada.

Avanzare verso la luce è stata la mia mossa successiva.

Le viole con il loro profumo delicato attirarono la mia attenzione.

Ho contemplato un posto incredibile.

Mentre mi voltavo per guardare indietro verso la baracca di legno che una volta apparteneva a tutti noi, la Natura aveva rivendicato il suo diritto su tutto e aveva nascosto a tutti noi il suo aspetto originale.

Così ho girato sui talloni e mi sono infilato tra gli alberi.

Le mie ginocchia erano piene di verde.

Le cose con cui avevo acquisito familiarità sembravano meno convincenti e familiari; e l'estate sembrava meno promettente.

La mia mente vacillava, poiché non c'era modo di misurare la paura imminente o il piacere duraturo. Quindi, seguire i miei piedi lungo un flusso emotivo ha portato a turno ogni scena vibrante e delicata.

Una voce inaspettata da vicino, che non aveva forma visibile, mi ha scosso dalle mie fantasticherie.

Dopo essere stata toccata sulla spalla da una mano inaspettata, la mia attenzione si è fissata su due occhi celesti che sembravano paralizzati anche su di me. Facendomi indietro di due o tre passi, osservai tre grazie femminili che riconobbi; aveva forme, modi e lineamenti del viso bellissimi che si combinavano in una persona squisita.

Come per magia, questo posto brilla di fascino.

Da quel momento seppi che non avrei mai più ripensato a una stanza con un dipinto raffigurante una baracca sulla parete.

Si trovava in un posto strano e impossibile: The Old Painting III.

Si voltò e mi guardò direttamente con un carattere luminoso e solare.

"Ti ho mandato il dipinto," disse, "di una baracca."

La tua porta si è aperta, quindi non guardare indietro!

"Dimmi i tuoi pensieri", chiese la ragazza con voce sommessa, ma le mie parole sembravano inadeguate come risposta. Non appena si è avvicinata, però, le sue parole gentili mi hanno ricordato di sedermi perché c'erano questioni da condividere.

"La mia storia potrà sembrarti strana, ma niente va mai come previsto.

Hai attraversato il complesso terreno del tuo mondo con facilità, decifrando segni che pochi hanno riconosciuto.

Potrebbero averti condotto qui, ma ti ho fornito i mezzi. Ho dipinto quei simboli che apparivano nei tuoi sogni; Sono stato anche la fonte di ogni dolore quando la vita sembrava trafitta come una freccia.

Ma noi siamo gli opposti destinati a incontrarsi.

Ero la tua guida verso la luce.

Ricordi la storia di The Briary Rose?

Bene, io sono quel premio per aver intrapreso la tua strada.

Sorrise di nuovo, ma all'improvviso si accigliò mentre i fiori e gli alberi sparsi intorno a loro si stavano disintegrando. Poco dopo riconobbe una scena già apparsa in uno dei suoi sogni.

Lei sorrise di nuovo mentre seguiva il suo sguardo verso la scena spettacolare che si estendeva per miglia nel cielo, circondandoli tutti intorno a loro e circondandoli tutti avvolti nella nebbia.

C'era una volta un esercito di zanne d'avorio che sporgevano dal terreno.

E lo spazio è pieno di milioni di arcobaleni scintillanti.

Sei coccolato tra le sue braccia zanne

Le cose stavano accadendo su questo piano celeste e tutto sembrava giusto e giusto.

Il tuo lavoro non può rendere giustizia ai nostri meravigliosi cieli.

Ma questo non era un sogno; questo era molto reale e sembrava vibrantemente vivo. Un tocco sulla sua mano la riportò alla concentrazione, in ascolto per qualunque altra cosa lei potesse dire.

"Forse ti ho rinfrescato la memoria," suggerì.

"Perché ho creato la stessa visione molto tempo fa nella tua testa.

I tuoi sogni possono contenere indizi per la comprensione; la tua mente deve scoprire come.

Quindi permettimi di condividere ciò che la tua mente aveva raccolto.

Riprendi l'interpretazione allegorica del tuo sogno e potrebbe rivelarsi ancora una volta.

Immagine della città funestata da un cielo ostile.

Significa pensieri indifferenti che si scontrano e lottano.

Sebbene le zanne servissero solo come simboli che rappresentavano i modi in cui i pensieri indifferenti potevano perdere la loro importanza, la formazione interna e più leggera dell'arcobaleno rappresenta una mente che ha raggiunto la discriminazione.

La consapevolezza può essere trovata ovunque nelle sue molteplici sfumature: l'arcobaleno rappresenta questa verità.

Esaminare le cose attraverso le loro parti costitutive.

Pertanto, una mente aperta ha libertà di volo.

Non c'è altro percorso che conduce al paradiso se non attraverso la preghiera e l'azione intrapresa dentro di te.

Ma quello era il tuo sogno e questa è la tua realtà.

In questo frangente della tua immortalità sta la tua immortalità!

Si avvicinò sempre di più finché rimase solo una persona che respirava.

Riunendo così due generi completamente indipendenti.

A prima vista, potrebbero sembrare simili, con una forma corporea identica che prende il volo nei cieli.

Il Donatore Taketh fu catturato prima che potesse cadere.

Non è stata lasciata alcuna traccia affinché qualcuno potesse ricordarlo.

E con quella parola arrivò un movimento rapido.

Nessuna azione ha mai raggiunto la destinazione prevista.

Trattenete la brezza nella vostra mano per un po' di sollievo e freschezza.

Gli alberi giacevano silenziosi sulla terra.

Occhio che vedeva il mondo

L'oscurità cadde sulla terra.

Spia notturna: Helius, il re dei cieli.

Selene ha un occhio imperturbabile.

Helius non dorme mai! Non abbassa mai la guardia!

Selene funge da spia notturna mentre Nyx, conosciuta come la Portatrice dell'Ombra, fornisce protezione da essa.

Caster della terra di notte

Helius si vide attraverso lo specchio lunare.

Illumina la notte con l'illuminazione proxy.

Nyx, conosciuta come la Portatrice delle Ombre.

Mentre l'oscurità cala sulla terra, un silenzio inquieto regna sovrano.

Riservata e timida, si nasconde sotto un velo per restare nascosta alla vista.

Prendersi cura dei processi astratti

Ci sono vari mezzi a nostra disposizione che ci aiutano a comprendere i processi astratti.

Ciò che non può essere toccato o visto direttamente.

La ricerca di soluzioni può dipendere dalla sua fonte.

Il tempo rivelerà più percorsi.

Esistono le prime mappature dei suoi margini.

Quindi la persona oggettiva si rivolge verso l'interno.

Mettendo instabilmente e incertamente un piede,

Navigare in un ambiente interiore intimidatorio è spesso impegnativo e spaventoso.

Da dove è venuto,

Felis Australis Tutti gli esperti concordano: sono state le sue idee a dare origine alle sue azioni e alle sue parole.

L'Australia non possiede felini indigeni.

I selvaggi sono d'accordo; sono tutti presenti.

Ma ne ho incontrato uno che insisteva particolarmente nel girovagare liberamente.

Fin dalla sua invenzione questo tipo di oggetto è sempre esistito.

Nel 1969, giugno era il mese in questione.

"...una notte che diventa giorno, sotto la luna deserta..."

Dopo un esame più attento appaiono tracce sabbiose sconosciute.

Carnarvan e Minilya.

Nulla è stato modificato con il suono per provocarne la dispersione.

Quando si diventa calmi e contemplativi, i pensieri potrebbero inondare la mente e minacciare di mettere radici e trasformarsi in piani attuabili.

Sabbia rossa stesa tutt'intorno, creando una superficie ideale su cui lavorare.

Corsa su lunghe distanze senza limiti.

Il mio fianco ha improvvisamente sperimentato un movimento inaspettato.

Si rivelò un gattino con gli occhi spalancati.

Sei seduto a più di due piedi di altezza?

Una volta, da tre metri di distanza, non sembravo timido.

Gambe lunghe e forme slanciate.

Questi adorabili cuccioli presentano orecchie trapuntate e pelliccia colorata.

Non appena una copertura diventa indisponibile, non è più possibile raggiungere alcuna protezione.

Non sapendolo, facevamo affidamento l'uno sull'altro.

Ad un certo punto, il tuo interesse cesserà.

Così velocemente come è arrivato, così troppo velocemente se ne è andato.

Mi ritrovo perplesso e sconcertato su tutto questo calvario, lasciandomi nel più completo smarrimento e smarrimento.

"La mia immaginazione aveva preso una strada inaspettata?"

Non è così; Avevo un testimone indipendente come fonte a scopo di verifica.

Un evacuato emerge da una piccola macchina rossa.

Da un luogo isolato di campagna dove, 50 anni prima, erano fuggiti.

"Questo momento rimarrà vivido nella sua mente per sempre. Un brivido gli percorse le ossa."

Si guardò attorno, osservando tutto ciò che aveva davanti agli occhi.

Era disponibile un terreno pianeggiante e ben lavorato.

Il piccolo ruscello continuava a gorgogliare.

Assicurati che la posizione sia chiaramente identificata.

Dove una volta sorgeva una casetta

Adesso non avevano più lasciato traccia di sé.

Si ritrovò a vagare indietro nel tempo.

Troppo giovane per l'avventura? Per i ragazzi troppo giovani per tali avventure, l'esplorazione potrebbe non essere ancora un'opzione.

Cosa mi dicono i miei piedi?

Si cercava riposo e relax.

Si era fatto strada lentamente lungo una strada di campagna, l'aria era insignificante, fatta eccezione per i rumori occasionali degli animali.

La natura ha il suo dominio dove la natura regna sovrana. Potresti avvistare un animale qui o un uccello là!

Gli sbirciatori delle siepi possono intravedere le melodiose orchestrazioni della natura dall'esterno della siepe.

Si rilassò rapidamente in uno stato d'animo calmo.

Ma il suono dell'acqua che scorre rimane presente.

Sentì dei deboli rumori provenire dalle vicinanze e subito vide apparire davanti ai suoi occhi un vecchio ponte di pietra.

Emerge un terrapieno sotto il quale scorre un ruscello.

Un ingresso inaspettato rivelò un antico casolare comodamente annidato tra erba e siepi in un piccolo campo recintato.

"Ciao giovanotto, per favore entra."

Dal nulla venne una voce;

Una volta, invitante dall'interno di un portico chiuso.

A prima vista c'era una donna elegante con i riccioli bianchi.

Le visite a questo cottage sono state frequenti.

Da quel giorno in poi il ragazzo fece grandi progressi.

Ma il suo soggiorno fu di breve durata.

Un giorno scomparve.

Ancora una volta tornai a Londra.

Ora che il blitz è stato completato.

Col passare del tempo, gli anni passarono e alla fine tornarono.

Un ritardatario molto recente aveva recentemente acquisito la proprietà della sua nuova impresa.

Proprietario di una piccola auto rossa nuova di zecca.

Tranne l'Anima, tutto il resto ti appartiene e non deve essere considerato parte di tua proprietà.

I tesori della Terra alla fine periscono; tutte le cose sono fatte effimere.

La giada dell'anima è l'unico tesoro disponibile.

Poiché rimane non filtrato, veicola.

Il tesoro è tornato all'Elysium!

Amore non corrisposto

Mentre guardavo e desideravo, i miei sensi furono sopraffatti dalla tua presenza. Anche se altri avevano un significato speciale per me, nessuno poteva paragonarsi a te in termini di passione o fascino.

Ma come posso amare qualcosa che non posso dare in cambio?

Credi in qualcosa di più di ciò che è visibile.

Cosa ti ha trattenuto, oscurato le stelle?

I tuoi petali purtroppo sono caduti nel mio vaso.

Riusciremo mai a liberarci dalle distese ghiacciate dell'inverno Lo scorso inverno ha lasciato le sue impronte dietro di sé, ma da tempo è svanito nel nulla senza lasciare dietro di sé altro che il ricordo di noi qui sulla terra.

Man mano che il tempo avanza, i suoi venti ci porteranno avanti finché non ci porteranno direttamente dove si trova il nostro posto nella vita.

Ma non possiamo lasciare ciò che avrebbero voluto restare.

Le foglie devono unire le forze affinché la brezza possa passare liberamente su di loro.

Sebbene la vita possa averci preparato diversamente, indugiare nell'astratto può spesso diventare logorante.

Scopri i misteri degli alberi speciali

La sorella barcollò lungo l'alzaia.

Un corso d'acqua abbandonato offre ampie possibilità di pesca, ma molti hanno perso interesse.

Man mano che le sue forze diminuivano, le sue condizioni diventavano sempre più gravi.

Indubbiamente la sua pesante cattura è stata impressionante.

I combattenti non si arresero e non fecero alcuna concessione durante questa lunga battaglia.

Non aveva avuto fortuna e non aveva ancora preso nessun pesce.

Si rese conto che era suo fratello nell'acqua.

Ha preso lezioni di nuoto.

Ci avevano lavorato instancabilmente.

E con esso è arrivata la fiducia.

Le cose erano giunte alla loro conclusione.

Non appena venivano utilizzate per la pesca, canne e lenze venivano abbandonate senza esitazione.

Mentre entrava in acqua con gusto e sicurezza, la sua fiducia non faceva altro che rafforzarsi.

L'acqua schiumò mentre braccia abili si lanciavano in avanti per respingerla.

Hanno eseguito il loro ottimistico scuoiamento.

Cadde come piombo dal soffitto.

Continuò a pregare finché non toccò il fondo.

Riuscì a trattenere il respiro.

A volte riuscivo appena a intravedere il fondo.

C'era spazzatura ovunque.

Ancora una volta fu dimenticato e gettato via. Senza nemmeno pensarci scivolò via come un sottomarino invisibile.

Mentre mi dirigevo verso l'altra sponda, oltrepassando scarpe fradicie e stivali Wellington abbandonati, ho notato scarpe da ginnastica e Wellington fradici e impregnati d'acqua su entrambe le sponde del fiume.

Adesso era un po' scocciato. Wentworth aveva scoperto che il serbatoio conteneva acqua sporca, cosa che lasciò scontento il suo amico.

Era sempre stato noto per evitare di perdere ed era sempre pronto a lottare duramente per la vittoria.

Sebbene si sentisse piuttosto speciale, non la visse in quel modo.

Christopher ha le competenze necessarie per un viaggio sottomarino.

Ora tutta questa formazione è venuta allo scoperto, tutte queste tecniche segrete sono ormai diventate di pubblico dominio

Aveva un piano importante e questa particolare decisione ne faceva parte.

Ora tutti i ragazzi del posto nuotavano in un fiume vicino, ma l'ego gli impediva di unirsi a loro qui.

Ha imparato a consegnare finché non è riuscito a farlo con successo da solo.

Alla fine, la nostra giornata era arrivata nella vicina area balneare.

Il luogo in cui i nuotatori fendevano le acque è il luogo in cui troviamo la scena dell'attività: nuotatori che nuotano attraverso un'intricata rete di canali per ottenere l'accesso alle rispettive destinazioni.

Ora uno studente in questo posto.

Sicuramente ne deriverebbe lo scherno.

Proprio come prima, ma ora con uno stile indipendente.

Non era imbarazzato all'idea di apparire. Questo luogo di nuoto offre ampie opportunità di nuoto. Il fiume offre ampie opportunità di nuoto.

Tagliare una vecchia quercia fu sufficiente a fargli sospettare che potesse essere cava; quindi, poiché a volte sono vuoti, ha deciso di ispezionarli.

Così è scivolato nel fiume.

Mentre esplorava gli ambienti sottomarini, nessuno se ne accorse.

Sotto il grande vecchio albero ci sono dei bellissimi giardini.

Scoprì che era vuoto.

Un ingresso sottomarino.

Così iniziò un piano astuto per contrastare i loro sforzi.

Non avrebbe mostrato alcuna pietà verso questi ragazzi.

Ha visto che era tutto pronto ed è corso dentro.

Concentrando la loro energia e attenzione, hanno fatto una dichiarazione impressionante su se stessi e hanno fatto notizia in tutto il mondo.

Ha creato il suo scatto subacqueo.

La sua testa venne in superficie.

All'inizio era riluttante a muoversi, quindi scelse di aspettare all'interno della parte cava per diversi minuti finché il suo respiro non si trasformò in gas e poi finalmente se ne andò attraverso il punto di uscita.

Non se ne accorse finché non sentì iniziare a gridare.

Si tuffò e iniziò a nuotare verso la riva.

Le sottigliezze devono restare in guardia a una distanza di circa trenta piedi per evitare di destare sospetti.

Stai cercando un nascondiglio nascosto?

Sarebbe scomparso per minuti alla volta.

Era facile tenere traccia del tempo poiché poteva sentirli tenere il punteggio.

La sua fama fu ampiamente riconosciuta.

La gente veniva a vedere, ma nessuno ne scopriva i segreti.

Nomi degli alberi

Ogni parola rimarrà, mentre altre scompariranno presto dalla nostra vita.

Flotta di apparenza, poi evapora!

Le parole eleganti perdono il loro valore:

Il linguaggio vernacolare aiuta a riportarli con i piedi per terra.

Esoterica esce sempre in vantaggio.

Le parole che non comprendiamo appieno possono rappresentare una sfida per noi.

Questa visione fornisce la mia costanza

Che potrei essere il suo profumo.

Che io possa diventare la sua ombra

Seguitela in giro, forse posso essere la sua eco e il suo paradiso trovato. I miei occhi si posano sul tuo desiderio... Tuttavia l'assenza fa...

Nel tempo, la cattura spegne l'incendio.

La fame non fa altro che motivare ulteriormente i cacciatori.

Ridurre l'appetito facendo il pieno di cibo nutriente ne ridurrà l'intensità.

Ma affinché la natura possa prosperare, è necessario abbracciare cucine nuove e in continua evoluzione.

Ciò che c'era una volta ora non c'è più.

Paw Old Me non prende la vita alla leggera e sa cosa significa;

Decide che i miei vestiti nuovi sono sufficienti per impedirmi di uscire.

Il mio gatto non è molto gentile quando la mia attenzione si distrae, quindi si limita a dedicarsi al libro che sto leggendo senza battere ciglio.

Non sembra che gli piaccia molto il fatto che i miei vestiti siano ricoperti di pelliccia; ma fa ancora una rapida fusa e inizia a impigliarmeli addosso come se fosse una specie di giocattolo.

Lo metto sul suo nuovo letto accogliente e lo coccolo dolcemente prima di aspettare che sia l'ora di andare a dormire perché si intrufoli nel mio!

Crea costantemente scompiglio con i nostri uccellini di melo prima di venire da me per ricevere amorevoli attenzioni.

Basta aprire un mobile della cucina e lui correrà verso di esso, finendo velocemente nel cassetto delle posate, incastrato! Che tremendo fastidio!

Mentre dormivo profondamente sul mio divano, lui è entrato come un elefante prima di decollare come un proiettile dalla canna di una pistola.

Il mio meraviglioso tappeto che ho comprato di recente non lo impressiona affatto; invece lo trascina in giro finché quasi impazzisco per la frustrazione.

Miagola per mangiare e per uscire.

Tante volte entro in questo negozio solo per niente - e poi finisco per uscirne di nuovo, più spesso per niente!

Almeno so che ho il controllo qui: questo fatto rimarrà per un bel po' di tempo.

"Devo andarmene in fretta; ha bisogno di me adesso. Altrimenti resta sconcertato."

Breve descrizione per accendere le candele e spegnerle (numero di candele accese e spente).

Queste erbe profumate lasciano nell'aria il loro segno unico.

Ma quello accadeva in un'altra epoca.

Non viene lasciata alcuna traccia che dimostri cosa fosse successo.

Molti piedi sono passati attraverso le nostre vite nel corso del tempo.

Porta a casa la loro tristezza e i loro sorrisi oggi.

Lungo la strada, ci siamo fermati a bere qualcosa con ognuno di loro lungo la strada.

Pensieri cari per i brevi tempi assegnati.

I presagi si trovano all'interno delle immagini legate

I compositori di musica soul scrivono la partitura.

Chiunque maneggi la penna probabilmente produrrà risultati inaffidabili.

Ciò che sembra giusto e ciò che non appare giusto sono due questioni diverse.

La parità di giustizia porta enormi risultati.

Vivi tutte le emozioni della vita!

Una sequenza inaspettata di ceppi.

L'ambivalenza nasconde una verità oscura?

Hai bisogno che il tuo intelletto sia messo a dura prova? Che ne dici di ricevere un compito segreto da completare?

Se il personaggio di Dexter dovesse rimanere dormiente per troppo tempo, la sua decenza probabilmente svanirebbe fino a diventare irrilevante.

Piani sinistri potrebbero ostacolare il volo di Icaro?

Pertanto, i portenti risiedono nelle immagini.

Alcuni trovano ciò che non cercavano.

Giano mostra come vedeva tutti i lati, sapendo cosa si trovava dentro e fuori di lui.

Ma bisogna usare cautela nel percorrere vicoli ciechi.

Prudenza significa non ammettere l'esistenza di qualcosa.

Assumi una mente incolta che delibera per essere d'accordo.

Di coloro che credevano di aver visto, solo sette ne furono effettivamente testimoni.

Anche se improbabile, non importa dove guardiamo.

Le persone aggraziate spesso possono essere riconosciute presto.

Ovunque esista il luogo irraggiungibile.

La loro memoria musicale rimane con loro per sempre.

Quando gli occhi e le orecchie non riescono a rilevare alcuna traccia, non rimane alcun segno che i nostri sensi possano seguire.

Sentimenti caldi e amati.

Dato e ricevuto gratuitamente.

Anche se il tuo viaggio è stato breve, fai attenzione a pianificarlo bene per evitare ritardi o cancellazioni impreviste.

Il tuo dolore non avrebbe mai dovuto durare così a lungo.

L'amore crea un legame duraturo e delicato.

Collega le tue famiglie attraverso lo spazio e il tempo

L'amore tiene insieme tutto ciò che è bello nel suo abbraccio. L'amore offre un luogo idilliaco.

Il sonno porta con sé i suoi segreti. Ma dobbiamo tenerli nascosti.

I momenti mattutini diventano la nostra realtà.

Ricorda a te stesso mentre dormi che c'è sempre un vantaggio nell'essere vigili e consapevoli.

C'è un'intersezione di ciò che serve per avere successo tra qui e dopo.

Dove i propri cari si abbracciano ancora.

Sentimenti

Un suono, un profumo, un tocco o una vista potrebbero innescare uno dei quattro sentimenti: suono, profumo, tatto e vista.

Anche altri con cui risuona perfettamente sono d'accordo.

Anche se le percezioni degli altri differiscono, ogni esperienza dovrebbe essere condivisa.

Qualcosa che riscalda alcuni fa rabbrividire altri dal freddo.

I momenti minori vanno e vengono rapidamente, ma alcuni rimangono.

Risparmia un momento per dopo: farai sicuramente tesoro di ogni secondo.

È passato un cuore spezzato da qualcosa?

Appena vola via il canto dei tordi.

Il gatto e il mago si unirono per una battaglia epica

Ha accolto creature da ogni continente.

Ma presto si annoiarono e iniziarono a pavoneggiarsi.

Mi colpì il pensiero che pochi esseri umani fossero visibili.

Quindi il gatto curioso aveva chiesto aiuto al mago.

Potrebbe esserci una spiegazione?

Gli esseri umani hanno sbagliato, disse il mago.

Non ascoltano ciò che viene detto dentro ognuno di loro.

Adesso che ho cominciato a raccontare la mia storia, lasciami finire di raccontartela.

Siete tutti parte del completamento di una missione?

La Terra è la casa del sogno predatorio.

Il gatto improvvisamente ripensò alla Terra e alle sue sofferenze; lei si voltò improvvisamente, prendendo le braccia in spalla e guardando in basso. Ripensando a ciò che era accaduto su questo piano di esistenza, iniziò a piangere. Passandosi una gamba sopra la testa gridava aiuto prima di scatenarsi con tutte le sue sofferenze affinché tutti potessero sentire dal mago.

Mentre puntava la zampa verso il serraglio in streaming, si avvicinò.

Armati di armi e gadget, combattevano ancora ferocemente per difendere il loro territorio dai nemici interni ed esterni. "I tuoi ricordi delle cose cadute non erano reali; facevano parte del mio incantesimo", spiegò il Mago.

Insegnare era più facile in un'atmosfera di finzione.

"Per garantire che i futuri visitatori non ripetano eventi passati" Quando il gatto vide un topo correre via, ma non lo inseguì, si chiese perché no.

Il Mago se ne era accorto e annotava, affermando: "non c'è fame, rabbia o paura da trovare". A quel punto il gatto si stiracchiò, dopo essersi lavato la faccia. Successivamente si chiese nuovamente perché gli esseri umani fossero caduti così in basso nella società.

"Abusano della loro capacità astratta" rispose.

Ridurre tutte le forme di vita a semplici servitori.

Il mio incantesimo non andrà mai via; il suo potere rimane.

Pensieri incessanti e irragionevoli portano ad azioni insensibili.

Un individuo emerse dalla folla e si avvicinò a me.

Si sentirono le fusa incredibilmente forti del gatto.

Mentre scappava da qualcuno che gli era familiare, si è imbattuto in qualcuno che conosceva per sicurezza.

Il Mago rimase a guardare e ad ammirare la vista mozzafiato.

Antistress per proprietari di gatti

Oggi è arrivato il mio nuovo tappeto. Non potremmo essere più felici.

Quest'anno è la seconda volta che questo piano viene utilizzato come location.

Lei si avvicinò e cominciò a spruzzare e sguazzare qua e là.

Da quando ha demolito il tappeto l'anno scorso, l'appartamento puzzava di urina di gatto.

È traboccante di affetto e fascino femminile; eppure puzziamo come una fattoria. I volti sopportano con pazienza la sua lingua e il suo naso appiccicosi, prima di viaggi inutili dove sapone e asciugamani attendono il loro destino.

Sono stati inviati piccoli morsi per compiacere, nulla sembra irrispettoso; tutto in discussione tranne dove doloroso. Di recente il salto alla cieca nelle vasche da bagno è stato frenato poiché non erano sempre vuote e spesso si lamentava del fatto che fossero acqua sprecata.

Quindi non erano branchi di rinoceronti che giocavano a hockey nel nostro bagno; No.

Moggy e la sua pallina da ping-pong; siamo troppo stressati per ridere.

Il tuo appuntamento è stato confermato per la castrazione; mancano solo due settimane!

Tom della porta accanto è amoroso nei nostri confronti; ci sentiamo molto giù.

I bambini fradici sono andati a nuotare

I costruttori hanno scavato un'enorme buca attraverso la quale Soggy Kids poteva nuotare.

Perdere un autobus era già abbastanza grave; se avessero avuto interesse ad aprire un pub avrebbero dovuto riempire adeguatamente lo spazio.

Ora la battaglia era ufficialmente iniziata.

Associare il pub ad un evento porterà solo confusione.

La pioggia che cadeva dall'alto riempiva rapidamente il buco. I ragazzi del posto erano felicissimi di questa vista.

Portavano con sé una zattera.

Jimmy e sua sorella sono arrivati insieme.

Casalinghe che vogliono dimostrare la qualità delle loro creazioni fatte a mano.

La loro barca era costruita di tela.

Dopo essere stata trascinata per mezzo miglio, tuttavia, divenne scontenta e se ne andò.

Jimmy dovette arrampicarsi su di esso poi sua sorella spinse, solo che Jimmy gli tirò indietro i capelli per non afferrarlo. Senza che lei gli avesse tirato forte i capelli, forse ce l'avrebbe fatta.

Potrebbe aver sperimentato il dolore.

Più tardi, mentre galleggiava su una zattera instabile, si sentì impotente mentre le onde si infrangevano contro di essa.

Era chiaramente una mossa pericolosa.

Gettare la sorella in acqua.

Jimmy ha eseguito un'immersione senza sforzo.

Poi tagliò, aprendosi la strada.

I fratelli di solito non si piacciono.

All'inizio tutto sembrava destinato al fallimento. Una volta arrivati dall'altra parte, però, il successo è diventato evidente.

Jim rispose rapidamente indignato. Sua sorella chiese, irritata:

È stato molto intelligente da parte tua pensare di non aver mai imparato a nuotare!

Almeno la giornata era abbastanza calda per far evaporare l'umidità da una coppia con la barba lunga che forse presto avrebbe imparato una sorta di disciplina.

Eolo portava la sua fresca brezza attraverso il paese come un balsamo lenitivo.

Calore, Frescura, Calore o Gelo?

I portaprofumi trasportano i profumi direttamente alle narici dei destinatari appropriati.

Gli animali selvatici sanno dove si trovano le scorte di cibo.

La micro vita si aggrappa alle sue brezze

Piccole creature sulle ali.

Fornisce acqua, polvere e semi.

L'aria fresca aiuta a ripristinare l'equilibrio nelle aree stagnanti che sono diventate troppo sature di inquinamento e malattie.

L'erosione disturba e modifica il paesaggio.

Tutto intorno sente la loro mano.

La natura ha bisogno di riorganizzarsi.

Usa la sua voce e la sua energia per effettuare il cambiamento.

Comprendendo ogni angolo e fessura, forniscono una protezione essenziale da potenziali pericoli.

Niente sta da solo senza il suo compagno.

Rilassatevi per un po' sui mari scintillanti.

Il domani deve aspettare ed essere visto.

Trovare qualcosa adatto ad ogni stato d'animo può essere impegnativo.

Il viaggio di Teseo attraverso il Labirinto fu interiore; uno che avrebbe sperimentato solo attraverso il pensiero.

Ha usato la sua ombra per proteggersi.

Attirare Arianna come suo ideale e confidare in lei tutte le sue speranze è stata la chiave.

Sapeva esattamente dov'era la porta.

Sapeva che il suo filo d'oro l'avrebbe portata lì.

Tutto è relativo Immagina di essere una libellula: veloce nei suoi movimenti ma veloce a morire.

So come vedrei la mia vita se mi venisse data un'altra prospettiva.

Di lunga durata e non eccessivamente spruzzato.

Spesso incontravo varie creature che camminavano.

Come zombie al rallentatore.

Prendersi gioco dell'industria, con menti così lente di pensiero.

Potrei vivere altri trecento anni se fossi un albero.

So che oggi capirei la mia vita in modo molto diverso se mi fosse data un'altra possibilità.

Una costruzione media e robusta.

I miei orari varierebbero con ogni stagione.

Ventiquattr'ore sarebbero il mio anno.

Le creature che camminano assomiglierebbero a sfocature in corsa.

I tempi non sono più sincronizzati.

Vorrei essere un continente, con il suo magma caldo al centro.

So come percepirei la mia vita se avessi un'altra prospettiva sulla sua progressione.

Di statura media e relativamente attiva, era piuttosto forte e determinata.

Il mio anno sarebbe contato in milioni.

Si ipotizza che io porti la vita.

Senza la mia consapevolezza, forse non ne avrei mai visto uno.

La regola d'oro della natura Impercettibile alla nostra vista, questa legge governa i motivi nero su nero o bianco su bianco che coesistono.

Questi termini non hanno alcun significato indipendente.

Il contrasto è spesso una caratteristica essenziale nella creazione di interesse visivo.

Sottili differenze di tonalità esistono tra loro nella vita.

Sii sociale o morirai.

La natura ci fornisce molte linee guida utili. Una di queste regole è quella dell'equilibrio.

Tutto ciò serve e alimenta nella vita.

Mentre si crogiolava al sole, un sorriso apparve gradualmente sulle sue labbra. Verrà il nostro momento

Ho sognato di essere altrove.

Manda i tuoi pensieri nell'aria e riportami la sua risposta, per favore.

La sua vista inizialmente si formò e poi svanì.

Il mio cuore implorava il suo ritorno.

Sogno: parlava a bassa voce.

"Verrà il nostro momento", così mi svegliai.

Le energie fluttueranno, ma ritorneranno sempre con tutta la loro forza.

Ma l'immaginazione dà ordini.

Tempo di decisione. In che direzione andrà?

Non concedere senza che io lo richieda

Inaspettatamente è venuto e ha detto "Go Free".

Lascia che lo spirito lasci l'area.

Vola in alto sopra l'orizzonte!

Nessuna parola e nemmeno un tentativo possono esprimere adeguatamente quanto possa essere difficile e complessa la vita.

Il suo impatto è così piccolo che tutto ciò che è rimasto dietro rimane.

Le parole e il respiro possono contenere solo un certo limite, mentre i nostri ricordi svaniscono nella storia senza che rimanga traccia di memoria.

Sapere dove e come accedervi.

I sogni fluttuano liberamente nell'aria.

Alla fine le tue penne volanti prendono il volo".

Il gatto pastore nero

Un gatto pastore nero uscì correndo da dietro un angolo buio.

Silenzioso come un'ombra, le sue zampe non lasciavano traccia.

Dopo essere entrato, è entrato in una stanza dove qualcuno stava dormendo, ignaro che la sua presenza fosse diventata così vicina.

Una volta che un gatto pastore nero prese il controllo, tutto cambiò radicalmente.

Risveglia la tua anima.

Quello del risveglio finse incredulità.

Gli occhi imbronciati di un gatto pastore nero non devono essere ignorati.

Tuttavia, questo gatto pastore nero era venuto con una missione specifica in mente, che prevedeva di prendersi cura di un'altra persona su sua richiesta.

Non appena un movimento nelle vicinanze portò alla vista il loro protetto, il gatto pastore nero fuggì rapidamente nella notte; all'improvviso apparve sul pavimento un elegante siamese.

Qualcuno era morto anni prima e non sapevamo dove si trovasse.

Raccogliere questi dettagli aveva lo scopo di comunicare, nel tentativo di trasmettere.

All'inizio, al risveglio ci si può sentire disorientati, per poi riprendersi lentamente.

Si era trasferito in un altro regno. Era ovvio che adesso viveva un'esistenza parallela.

Ma i suoi tentativi di risvegliarla fallirono miseramente.

Era stato questo, allora, il destino del suo amico siamese?

La vita può diventare una trappola emotiva man mano che il tempo scivola via, eppure ci ritroviamo intrappolati al suo interno per troppo tempo.

Sei solo in questa casa senza che nessuno si preoccupi del tuo benessere

Nessuno sapeva che era ancora lì?

Quindi questo era il compito del "gatto pastore", raccogliere le anime perdute per restituirle alla loro specie. Ma perché un essere umano è diventato a conoscenza di questa conoscenza?

C'è forse un presagio da non trascurare?

Alla fine di ogni giornata, non si può lasciare andare la propria anima.

Quando le catene emotive pesano troppo sulla nostra vita.

Quanto a me, e al gatto pastore nero che ho lasciato dietro di me, perché ho attraversato l'ultima porta della vita con lui in questo viaggio terreno.

Un extra per la notte Vorremmo rivelare un segreto su di noi che aggiungerà qualcosa in più alla tua notte di divertimento.

L'attrazione sembra favorirne l'uso continuato in questo modo.

Assembla gli scheletri dell'armadio come parte della tua normale routine.

Anche se vorrei che non fosse necessario, devo rivelare questo fatto che riguarda il mio.

Ha il muso trottatore e un corpo poco elegante.

Non più lasciato nell'allegoria

A partire da una fattoria isolata, inizia la loro storia.

Dopo aver vissuto in città fino all'età di cinque anni, nel 1937.

Trasformò gli anni Trenta in paradiso

Anche se avevo i miei sospetti sul motivo per cui i miei genitori mi avevano mandato lì, loro continuarono comunque con il loro piano.

Dopo cinque anni di scappatelle, è ora di sistemarmi.

Avevano preso accordi affinché la nonna condividesse i loro proventi.

Ci è voluto del tempo, ovviamente; erano necessarie circa una o due settimane.

Prima che potessi davvero trovare la mia strada, essendo a migliaia di chilometri di distanza.

Il mio postino locale andava in bicicletta.

Viene fornito con una panca posteriore.

Ha portato le lettere a Londra.

Restituisci i loro pacchi qui.

Poiché questo metodo è stato l'unico che abbia mai visto utilizzato da questo praticante, ho dedotto che il suo ciclo dovesse seguire questa sequenza.

Ho fatto il viaggio di porta in porta.

Come ho molestato quel povero postino

Ogni volta che andava a Londra il suo sedile diventava sempre più comodo.

Le lettere dovrebbero essere consegnate direttamente nella nostra strada.

Salva il postino dall'angoscia mentale

Ho trovato lavoro, maialini e scrofa da sfamare.

La mia esperienza non è stata qualcosa di particolarmente piacevole.

Ogni volta che il porcile veniva pulito, il suo valore aumentava.

"Ho corso la sfida" dei suoi denti.

Era in missione, a quanto pare.

Il mio obiettivo è mantenere la mia presenza breve.

Anche se avrebbe potuto essere interpretato come un atto di vendetta,

Dalle da mangiare ogni volta in tempo, per una crescita ottimale.

Erin si è allarmata nello scoprire che il suo naso era entrato troppo velocemente nella vasca e così hanno preso provvedimenti immediati per correggere l'errore.

All'inizio la colazione spesso le cadeva in testa, finché alla fine non ho sviluppato un talento nel dispensarla - alla fine non mi mordeva più!

La sua tana era solo una piccola stanza; ma questo non le smorzò affatto il morale.

Le pareti sono state costruite utilizzando mattoni.

Crea un ingresso che assomigli a un igloo.

All'interno, la paglia era spessa e intatta.

Un giorno ho sentito una notizia scioccante.

Dato che i miei genitori sarebbero presto arrivati, sarebbe stato necessario preparare i miei bagagli.

Sulla via del ritorno a Londra avremmo guidato.

Con l'avvicinarsi del pomeriggio il mio entusiasmo aumentava.

La scrofa e i piccoli dormivano profondamente.

Mentre mi avvicinavo, cercavo di non disturbarli troppo.

Il sonno può solo aumentare ogni anno che passa.

Che shock inaspettato ha ricevuto la nonna!

Mentre riempiva la mangiatoia la mattina seguente, fu una mattinata ricca di eventi.

Mentre partivo con i maiali mi sono trovato disorientato.

Ma ero ancora mezzo addormentato e sbadigliavo quando suonò la sveglia alle 6 del mattino.

Climi stranieri

Mentre navigavo controcorrente sul fiume, l'acqua lambiva e vorticava sotto di me come onde provenienti da climi stranieri, provocando ondate di sollievo sia per me che per coloro che passavano.

Due avventurieri non avevano altro posto a cui rivolgersi quando il loro viaggio naufragò sotto terra, quindi scesero.

Questa posizione era stata selezionata.

Jimmy e il suo amico hanno fatto questa osservazione durante la loro visita diurna a Gravesend's Quayside.

Le luci di Tilbury brillavano intensamente mentre la notte cadeva su Tilbury.

Al di là del fiume, una fitta nebbia copriva ogni cosa.

Non appena hanno sentito dei passi avvicinarsi dal basso, entrambi si sono allarmati e hanno guardato verso un'area con una corda di bitta che aveva una "X" segnata all'estremità inferiore. Sono diventati cauti e hanno concentrato il loro sguardo lì.

Ma uno dopo l'altro cominciavano a perdere la fiducia e la speranza in quello che era un futuro incerto. E ognuno resta più indietro del previsto.

"Scivolavano molto più in basso, nell'oscurità come l'inchiostro, dondolandosi da una parte all'altra finché qualcuno non li trovò con l'acqua fino alle caviglie, solo allora si poté tentare il salvataggio".

All'inizio si chiedevano se galleggerà.

Sotto i piedi, il filo da imballaggio viene utilizzato per fissare le balle di paglia o le balle di paglia alla superficie del terreno.

Quindi questo ha effettivamente dissipato ogni confusione.

Questo gommone è stato costruito per l'esplorazione del letto del fiume.

Quindici minuti dopo, entrambi i remi erano al loro posto e la storia era stata cambiata per sempre.

Le luci di Tilbury furono scelte appositamente come obiettivi.

Non appena seppe questo piano, però, il suo cuore cominciò a battere forte per l'ansia e il piano divenne improvvisamente realtà.

I flussi che si spostano verso il mare pongono le sfide più grandi.

Rema verso il suo centro

Sapevano dove dovevano andare.

Passò un'ora prima che cambiassero lato.

La pianificazione era andata secondo i piani.

Partirono a valle con il loro scopo chiaramente in vista.

Davanti a loro c'era un'enorme nave, ancora saldamente ormeggiata al suo posto.

Trecento metri li separano.

Man mano che la corrente guadagnava slancio, la sua velocità aumentava in modo significativo.

Jimmy ha cambiato direzione della barca.

Ridurre i loro progressi.

Adesso la marea calante controlla.

L'amico di Jimmy fu il primo a notare entrambe le navi.

Cerca la nebbia bianca direttamente davanti a te.

Le pale dell'elica giravano rapidamente.

La paura li colse entrambi e sconvolse entrambi i loro mondi.

Questa nave era molto più alta.

La nave scarica dovrebbe viaggiare più lentamente.

Togli le eliche dall'acqua

Un linguaggio più facilmente comprensibile faciliterebbe una migliore comprensione.

I remi di Jimmy si muovevano rapidamente, così come lo stesso Jimmy.

Salva gli abitanti del villaggio dall'essere divorati dall'immenso frullino per le uova!

Sembrano intenzionati a chiudere completamente le loro vite.

E dopo aver fatto tutto il possibile, l'uomo se ne andò soddisfatto di aver fatto tutto il possibile per migliorarsi.

Si è verificata una collisione tra una nave e un gommone.

Sorprendentemente, riuscì a superare quelle terrificanti lame senza incidenti.

Il remo del gommone è stato gravemente danneggiato.

Hanno interagito e poi si sono ripresi.

Dalla parte posteriore, l'acqua può entrare lateralmente.

A prima vista potrebbe sembrare un evento insolito, ma state certi che esistono altre soluzioni.

Un remo rimarrà per il governo.

Seguirono la corrente che alla fine li portò via.

Sopra di loro erano visibili pareti d'acciaio. Passarono velocemente davanti a loro prima di fermarsi ad ammirarne la magnificenza.

Sentirsi piccoli li faceva sentire piccoli!

Non assomigliava per niente ai loro fumetti.

Dove sono finite tutte le reti e le corde?

Non c'era modo di ridimensionarlo.

Avevano riposto tutte le loro speranze in questo gommone, mentre correva accanto alla nave con una velocità allarmante. All'improvviso li superò a tutta velocità mentre passava vicino alla sua nave.

Anche se i minuti sembrano giorni, in realtà sono solo minuti.

Salparono, trasportando il loro carico di clandestini respinti. Andarono avanti, attraverso l'oceano.

Ora che la nave è scomparsa dalla vista, non è più possibile alcun ulteriore avvistamento.

A poco a poco lungo ciascuna costa.

Le nuvole erano fitte e basse.

Mentre l'oscurità calava sul paesaggio, tutto intorno sembrava perduto per sempre.

Il loro gommone era nascosto da una fitta nebbia.

Jimmy continuò a remare nonostante questa battuta d'arresto.

Si affidò esclusivamente all'istinto per trovare una riva accomodante. Ma all'improvviso il suo passato si è intromesso e lo ha riportato qui.

È stato colpito con una scala, spingendo la polizia a effettuare arresti in relazione a questa aggressione.

Poteva riconoscere il volto di suo padre.

Da una finestra sono scappati.

Ha fatto con successo un salto di 13 piedi.

Solo pochi secondi dopo abbiamo assistito alla sua rapida trasformazione in azione.

Non era da nessuna parte per strada.

La fine di settembre mi ha trovato ad esplorare i boschi.

Sopportò una notte fredda finché non si imbatté in un pagliaio che gli rese immediatamente la vita più calda.

La sorella ha fornito pane e marmellata.

Andava al lavoro il più spesso possibile finché i giorni si trasformavano in settimane e i mesi passavano.

Sarebbe rimasto lì finché non avessero raggiunto l'età adulta.

Sua sorella ha portato con sé uno dei loro amici.

Fu lì che tutto ebbe inizio.

Entrambi erano bloccati in una routine emotiva.

Così è iniziato un viaggio.

Una sirena da nebbia inaspettata lo riportò indietro.

Stai pensando di trovare un rifugio sicuro

Potrebbero accogliere favorevolmente la loro presenza.

Jimmy veniva costantemente scacciato da Jimmy da uno dei suoi amici, il che alla fine avrebbe portato a più incidenti e scontri tra le due parti.

La sua mente non lo aveva dimenticato.

Un rimorchiatore desideroso.

Dopo un po' di riposo sul fondo del fiume, il cielo pesante sembrava più invitante.

Non appena videro la costa emergere attraverso la nebbia, entrambi iniziarono ad esultare per l'eccitazione.

Ma uno spesso strato di fango si trovava tra la loro barca e la riva, creando un percorso pieno di ostacoli e tradimenti lungo il quale potevano navigare.

All'inizio, remare in avanti sembrava un viaggio senza fine; alla fine arrivò a destinazione; quando si imbatté in una draga con la sua passerella su un letto fangoso, si avvicinò e scoprì che poteva fornire loro riparo da ulteriori pericoli. Ben presto avrebbe potuto avvicinarsi ad esso prima di proseguire nuovamente verso di esso.

In quel momento apparve un oblò dal quale si poteva vedere che un individuo sconosciuto dormiva su una sedia.

Sotto una luce tremolante, una piccola barca ignara si è scontrata con un impatto enorme e ha inviato onde d'urto attraverso la sua struttura, spingendo il suo capitano a lanciarsi spaventato. Ma quello schianto non fece altro che causare un'ansia maggiore di quanto precedentemente immaginato poiché sia l'uomo che la barca furono costretti a tornare a terra, provocando un'altra collisione pochi istanti dopo e producendo una distruzione ancora maggiore, questa volta ad opera dell'uomo stesso! Non appena la sua barca è stata colpita con tale forza che i passeggeri sono fuggiti in preda al panico verso la riva, è caduto rapidamente.

Due ragazzi si precipitarono.

Quattro piedi sorridenti erano i benvenuti.

Una volta che le gambe si abituano al sedile, tuttavia, le superfici morbide diventano più facili da spostare.

Tuttavia, disimparare ciò che avevano imparato può essere difficile. Le loro prime esperienze avevano reso il loro primo colpo di fortuna un successo.

Isola di Grain mentre salpavano verso il mare aperto che li attendeva.

Jimmy ha deciso di rischiare tutto e provare a tornare a casa. Sebbene fosse tornato sano e salvo, non c'era un rifugio sicuro ad aspettarlo.

Lo hanno tenuto in disgrazia.

Strano, non glielo hanno mai chiesto.

Non ha mai rivelato le sue attività passate o dove fosse finito il suo tempo; assicurando così che rimanesse un segreto per tutta la vita.

E poi è nata la rima.

Stagioni polari Le quattro stagioni distinte includono autunni, inverni, primavere ed estati.

I pensieri spesso diventano imprevedibili.

Bandire quella "sensazione di impotenza".

Stagioni polari di questo tipo.

Vibrazioni Arcane

È noto che il vento produce tensioni che risuonano attraverso lo spazio e il tempo.

Queste bellissime immagini catturano la natura nella sua forma migliore: alberi e canne.

E la sua forza continuerà a esercitare un'energia dinamica e di forte impatto che si diffonde verso l'esterno.

Ma non siamo semplicemente canne con scopi inconoscibili, che rispondono ai venti?

Stiamo ballando su una melodia isolata senza essere sicuri di chi piaccia?

Ci sono vibrazioni misteriose in gioco qui?

Come canne che ci compongono,

Stai cercando qualcosa che ti leghi o ti liberi dalla riaccordatura dell'ancia

Da questo accordo della cordatosfera nascono gli elementi celesti.

Un incontro intergalattico

Un allarme era risuonato nell'aria notturna.

Lingua siamese.

All'interno si poteva udire il suono del suo silenzio rotto.

La mia coscienza si è risvegliata e così sono sorto.

L'urgenza si è rapidamente intensificata, peggiorando rapidamente.

Mi è venuto in mente il mio allattato siamese.

Il mio gatto sembra adorabile ma mi chiedo davvero quali siano i suoi lineamenti?

Mi sono svegliato rapidamente dal sonno.

Ben presto la porta si spalancò.

Cercami fuori di notte.

Lì sedeva, appollaiata sotto un lampione.

Il mio gattino e un grosso gatto nero vivono insieme.

Qualcosa si è mosso nella notte.

Avvicinati alla luce senza fare rumore con piedi silenziosi.

Era un individuo con qualche mezzo.

Sebbene riluttante, ho deciso di restare per sempre.

Cosa erano l'eleganza e la grazia?

Fare le cose senza adeguati canali di espressione.

Questi vestiti risalgono a cento anni fa.

Stavamo condividendo momenti estranei tra loro.

Le sue braccia si allungarono in modo innaturale.

Il mio amore per i gatti si estende a coloro che rimangono in silenzio, me compreso!

Ho visto un grosso gatto nero rispondermi a tono.

Sentirsi come se appartenessero insieme.

Ha allungato le braccia verso di me, alla quale ho risposto a tono con le braccia tese.

Anche se il suo gatto era con sé, doveva essere portato.

Da lì partivano verso la fonte luminosa.

Appena calato il crepuscolo, siamo partiti.

Sembra che sia arrivata per guidarne le zampe.

Il tempo continua ad aprire sempre più le sue porte affinché tutti noi possiamo esplorarlo ancora e ancora.

Feste, cibo e altri problemi

Il piccolo Jimmy era noto per essere ribelle. Preferiva stare da solo.

Come ho osservato, sia i bambini che gli adulti tendono a osservare i bambini più degli altri.

Sono state modificate solo le disposizioni superficiali.

Fingendo di essere una cosa

E in realtà diventare un altro è difficile.

Non aveva intenzione di percorrere quella strada.

I calzini originariamente erano destinati a tirarsi su.

Si tolse i calzini, lasciando che le gambe coperte diventassero bianche di terra.

Preferiva il suo cappotto marrone.

A scuola è obbligatorio indossare la giacca.

Ma non gli è mai sembrato giusto, quindi lo ha lasciato a casa di un amico;

L'insegnante aveva sempre un viso inespressivo.

Anche i capelli furono ordinati.

Ogni testa è stata clonata ma Jimmy ha preferito lasciarla naturale.

Tutti sospirarono rassegnati mentre i pugni cominciavano sul serio. Nel giro di pochi minuti, diversi colpi furono completati con ripetute percosse di tutti i presenti, provocando gravi dolori a tutti i soggetti coinvolti. I colpi arrivavano fitti e veloci mentre la punizione veniva inflitta con ogni colpo che cadeva direttamente su qualcuno.

Gli ambienti domestici e scolastici erano difficili, con i ragazzi che creavano attriti tra loro.

Con la stessa facilità, hanno infranto un'altra regola. E tutto è esploso come l'acqua sulla schiena di un'anatra!

Sono stati fatti sforzi per correggerlo.

Ha deciso di non completarlo.

Anche se fermo nei suoi valori, non sembra particolarmente interessato ad accogliere i nuovi arrivati nella sua posizione.

Distribuiva come premi ciondoli, torte e cioccolatini.

Divenne sempre più corrotto finché un giorno fu invitato a partecipare a una festa a casa di un suo amico e si ritrovò abbandonato sulla via della redenzione.

Adesso sapeva delle feste per bambini.

Tutti questi anni li abbiamo festeggiati con tantissime torte e dolci!

Era consapevole dell'inghippo.

Nessuno si è presentato come un disordine indisciplinato.

Pertanto, si fermò davanti allo specchio.

Dopo essere uscito dal bagno, devi scappare immediatamente.

I calzini erano alzati, la giacca addosso.

Sperava che non ridessero e rispondessero in modo appropriato.

Ha scoperto che la sua maglietta era scomparsa.

Poteva allacciarsi in alto con bottoni o fermagli, ma non indossava la cravatta.

Per quanto riguarda il codice dei capelli, no. AVVERTIMENTO! Le tue serrature non superano l'esame

Non avrebbe dovuto essere esposto all'acqua.

Sporgeva come un porcospino.

Senza grasso, non è mai stato un affare di alto livello.

Frugò nell'armadio.

Non c'era nulla di visibile da vedere; non c'era assolutamente nulla di visibile.

Quindi ha deciso una soluzione accomodante.

Tuttavia, l'odore non era proprio quello giusto.

Si guardò, paralizzato da un'immagine splendente nello specchio e si chiese se il suo prezzo sarebbe stato troppo alto.

Sacrificare l'indipendenza.

Cominciava ad avere fame e il tempo gli passava velocemente.

Sapeva che l'odore si sarebbe presto dissipato.

Ben presto sentì passare un forte colpo di vento e, mezz'ora dopo, bussò alla porta della festa per entrare.

Il suo amico era felice di vederlo.

Ha incontrato più persone.

La tavola era carica di cibo.

Venti bocche iniziarono a mangiare.

Una bambina improvvisamente emise un grido udibile.

All'improvviso si alzò dal suo posto e scomparve nel nulla.

La canforata è stata la causa di questo errore.

Lo sgombero rapido del tavolo è stato completato.

Sorella maggiore da un'altra stanza.

Ben presto, la sua testa era nel lavandino e veniva lavata cinque o sei volte per pulirla.

Cominciò a pettinarsi per alleviare l'odore.

Mentre cercava di mantenere la compostezza, i suoi pensieri erano rivolti al tavolo e alla sua pila che si dissolveva lentamente.

Il tempo aveva preso il sopravvento e il tempo aveva causato danni irreparabili.

È rimasto sorpreso, il tavolo sembrava il risultato di un'esplosione nucleare e il piatto della torta era vuoto: uno spettacolo davvero inquietante!

Poiché gli altri piatti si rivelarono vuoti, lo stesso fece anche la bacinella.

Il suo disastro peggiorò costantemente.

Ma poi è stato trovato un vassoio.

È stato portato in salvo dal suo amico.

Niente è infallibile

Niente può mai essere infallibile e niente dura per sempre; niente rimane vivo per sempre o anche per così tanto tempo. L'impresa edile

L'umanità non ha realizzato alcuna invenzione con obiettivi predeterminati che sia sopravvissuta fino ad oggi, nessun singolo oggetto da cui le persone abbiano creato.

Tuttavia, le fantasie spesso si insinuano nelle nostre vite.

Consapevole di ciò, ogni individuo deve agire con saggezza e responsabilità per mantenere l'equilibrio.

C'è qualcosa là fuori per ogni gusto e tipo di personalità, anche se a volte sembrano casuali.

Possono sembrare piccoli da un punto di vista esterno, ma il bacino che servono è in realtà vasto.

Gli elementi astratti si uniscono per formare una miscela elementare astratta.

La fantasia è costruita su elementi costitutivi. Ogni mente crea il proprio capolavoro di creazione.

Gli investitori prudenti rimarranno al sicuro.

Altri portano distruzione.

Quelli cortesi dimostrano la loro importanza onorando il processo attraverso il quale sono venuti all'esistenza.

Il loro architetto è certamente ben informato.

Speranza e seguito quindi confermati.

Stabilire i suoi principi era di primaria importanza.

La natura rende evidente che solo l'intelletto crea.

Quindi... cosa ci ha portato qui?

Jimmy è tornato da una visita in campagna e non vede l'ora di trascorrere una settimana scolastica ricca di eventi.

Migrarono con un dialetto pesante e frequentarono la loro nuova scuola.

Ma non è stata trattata con dignità e rispetto.

Tutti i presenti hanno trovato il suo tono divertente.

Quindi li ha informati sui passi da compiere.

Lo etichettarono come un ragazzo di campagna.

La tensione aumentò quando videro che uno di loro era un campione di lotta.

Jimmy decise che era meglio mantenersi a distanza di sicurezza da una donna massiccia di nome Leigh Ann che, sospettava, nutriva un odio potente nei suoi confronti.

Ma preferiva un bersaglio facile.

Ben presto, segnò il suo destino.

Digli di incontrarla lì.

Quella notte fuori dal cancello.

A Jimmy non importava litigare con chiunque, indipendentemente dalla sua reputazione o status.

Non aveva mai avuto a che fare con una figura così intimidatoria prima, quindi elaborò rapidamente un piano per eludere la conformità e rimanere imperterrito davanti alle sue richieste.

Alla fine le aule si erano liberate.

Al termine della giornata, tutti i partecipanti si sono riuniti all'uscita;

Hanno iniziato divertendosi. Ben presto divenne evidente che non sapevano davvero come giocare.

Mancava il loro attore principale.

Iniziata, iniziò la loro caccia alla vittima appropriata da giustiziare.

Jimmy ha tentato di fuggire attraverso una finestra aperta ma non ha avuto successo.

Una taglia troppo piccola era troppo per la sua forma.

La sua mente trovò presto la sua libertà.

Il suo petto seguì rapidamente poco dopo.

I suoi pantaloni si erano aggrovigliati.

Pertanto, non ha potuto riportare indietro tutti i bagagli.

Alla fine è arrivato il Baying Pack!

Ben presto, le sue gambe furono catturate.

Seguito dalla sua famiglia.

Non si sentiva troppo entusiasta.

Si precipitarono fuori dall'edificio portando la preda verso un luogo isolato.

Senza preoccupazioni e stress.

Formarono rapidamente un cerchio.

Il silenzio scese sulla folla.

Jimmy non poteva scappare. La sua fuga non gli era stata permessa.

Il loro campione ha fatto dei passi avanti.

Jimmy osservò la scena mentre usava i suoi artigli per colpire in aria, mentre Jimmy guardava divertito.

Si sentiva impotente contro la vita stessa.

Era troppo sicura di sé. Ma si sopravvalutava.

Poiché non ha vigilato sulla guardia, la signora è caduta vittima di un crimine.

Non percepì l'impatto improvviso e potente.

Il suo naso era stato colpito così forte.

Una ragazza lanciò un grido sgradevole.

Jimmy l'aveva aggredita, lei piangeva amaramente mentre era ancora infuriata per quello che era appena accaduto; tuttavia, le sue parole hanno prevalso su qualsiasi preoccupazione avesse espresso riguardo a questo attacco da parte di Jimmy. Le sue lamentele furono ignorate finché non fu ora di andare a letto.

Non appena la folla ha iniziato a muoversi, Jimmy ha previsto che i guai sarebbero arrivati dalla sua parte.

Come previsto, si sono verificati linciaggi.

Mani avide lo afferrarono rapidamente e lo sollevarono in alto nel cielo.

Li sentì applaudire.

Era un modo strano per lui di andarsene.

Ma alla fine capì.

Erano contenti che fosse stata sconfitta.

Il suo bullismo era finito.

Giustizia era stata servita.

Ticchettio degli orologi | Head Xchange (HQE) Toccando gli orologi nelle nostre teste, il ticchettio è una forma coinvolgente di intrattenimento e apprendimento.

Il ritmo è stato fissato e noi siamo guidati.

Gli orologi ticchettano silenziosamente.

Tutto ritorna allo stato precedente.

Voci dal cuore

Dobbiamo separarci o unire le forze?

Le tue azioni hanno creato un muro invisibile tra di noi.

Prendi nota: questa potrebbe essere una cattiva strada che scegli.

Il tuo futuro sembra cupo senza di me al tuo fianco,

Insieme siamo forti; abbattiamo ogni barriera tra di noi.

A parte, non apparteniamo. La tua guida in materia è sempre obiettiva.

Io sono il potere dietro il tuo trono,

Stai combattendo un'illusione

Trovo conforto quando rimango da solo.

Il mio nome può essere interpretato come distruzione.

Il mio nome può essere letto in molti modi; la mia identità è composta da molteplici sfumature.

Sono il guardiano della porta. Svelando il loro linguaggio simbolico devi scoprire la tua unica via da seguire.

Un individuo può affidarci il suo spirito.

Jimmy Riddle

Uno scuolabus si era fermato vicino ad alcune miniere abbandonate della Cornovaglia, e i bambini si riversarono fuori formando file. Fu dato un ordine che insisteva: "Tutti insieme"; era allo stesso tempo disperato e inutile.

Mentre si diffondevano come formiche tra rovine e buchi prima di scomparire nei tunnel come conigli e talpe, la loro insegnante rimase sbalordita mentre correva da un luogo all'altro alla ricerca di malfattori che avevano bisogno delle sue cure.

Per raccoglierli tutti ci è voluta più di un'ora.

Anche se all'appello finale mancava una persona, tutti erano presenti.

"Jimmy è scomparso" disse una voce tra loro, aggiungendo, "probabilmente ha fatto uno dei suoi soliti trucchi.

"È sceso in una fossa portando con sé una torcia elettrica."

Sembrava che parlasse in modo incoerente. Purtroppo non ho capito cosa mi stava dicendo.

Jimmy ha affermato che sul fondo c'erano scale e piattaforme sicure.

Jim era caduto per sessanta metri, altri trecento lo seguivano a una velocità leggermente inferiore a causa di un pozzo in forte pendenza con supporti marci ricoperti di melma.

Notò alcune vecchie scritte appese in alto.

Dal fumo di una candela era uscito il nome: Jed. Entrando in un tunnel iniziò a camminare verso Jed, anche se solo pochi metri sembravano miglia.

La sua torcia proiettava strane ombre sul muro mentre i suoi passi risuonavano come passi lontani; ora in modalità panico sapeva che "Jed" stava aspettando in un'imboscata per lanciare un assalto contro di lui.

Un pozzo in salita entrò alla sua vista.

Si ritrovò a risalire di nuovo, il suo ottimismo accresciuto.

Ha rapidamente scalato le sue scale.

Credeva che "Jed" potesse superarlo più rapidamente.

Ben presto emerse e salì in superficie, ritrovandosi rapidamente fuori terra.

Si avvicinò a un pozzo verticale simile a quello che aveva scoperto per primo, e procedette lungo esso.

Poiché c'erano degli arbusti nelle vicinanze, cercò di rimanere nascosto.

Mentre rifletteva rapidamente su ciò che doveva accadere, sapeva di essere in debito.

Poi distolse rapidamente lo sguardo dal rumore per dargli un'altra rapida occhiata.

Una volta che ha visto la folla di oltre trenta persone che circondava il suo pozzo, è tornato rapidamente sull'autobus con un piano d'azione progettato per ridurre la loro presenza e confusione.

Jimmy ha continuato a premere il clacson finché l'autista non è tornato e ha scoperto cosa c'era che non andava. Jimmy spiegò che stava dormendo, finché tutto quel rumore non lo fece svegliare invece di dormire lì per ore di seguito.

Quando tornarono a scuola si vociferava che Jimmy fosse entrato in una miniera abbandonata.

I giovani occhi potevano testimoniare questa verità senza esitazione: per loro era indiscutibile! Era avvenuto un atto davvero magico.

Sfortuna sulla nostra strada

Nella nostra strada viveva un cane. Sfortunatamente per lui/lei ciò portò con sé più sventure che gioie.

Ciò manteneva un gatto in costante volo

Purtroppo per lei, quella povera creatura tormentata non ha mai trovato pace fino ad ora.

Uno spettacolo sgradevole.

Ma è arrivato il giorno della resa dei conti.

Cane e gatto con i gattini si sarebbero presto incontrati.

A quel punto è entrata in azione.

Una giornata tranquilla fu improvvisamente interrotta da suoni di terrore canino.

I gatti adorano mettersi sulla nostra schiena, come si vede qui dove uno era assicurato alla sua schiena da due artigli di gatto.

Riconobbe di aver commesso un errore.

Successivamente volò a una velocità sorprendente.

Quando iniziò ad artigliare, improvvisamente scomparve dietro una curva.

La pelliccia accumulata sul pavimento viene lasciata in giro come lettiera sul tappetino di un gatto.

Le sue orecchie non si sono mai riprese completamente dall'esposizione a elementi ambientali così duri.

Usò una scatola con i bordi seghettati, senza mai più inseguire quel gatto.

Senza il suo coraggio, per questo individuo non esisterebbero valutazioni.

Ma aveva un altro interesse.

Non gli piacevano le automobili e causava molti conflitti con i loro proprietari.

La sua vernice portava le sue cicatrici.

Il suo metodo consisteva nel sedersi fuori casa.

Al passaggio di ogni conducente, quelli che avevano paura iniziarono a rilassarsi.

Ha giocato al gatto e al topo.

Di tanto in tanto, nessuno poteva prevedere esattamente quando avrebbero ricevuto una telefonata inaspettata.

A volte lanciava sassi contro un'auto di passaggio.

Mai più sarebbe esistita la stessa immagine.

Una mattina decise di liberarsi dallo stress quotidiano.

Quando cerchi sollievo in un'altra forma.

Avvicinandosi da dietro, qualcuno è arrivato girando l'angolo.

Questo autista aveva un piano in mente.

Qualora si rendesse necessario, forniranno l'assistenza necessaria.

E infatti, sono passati davvero.

Mentre l'attacco del cane continuava, la sua furia raggiunse il culmine.

L'autista ha impostato con successo il suo tempismo.

Sfortunatamente, quando hanno aperto la porta hanno picchiato il cane.

Da allora ha perso tutto ciò che fa le fusa o rotola; come le automobili. Ora tutti gli oggetti che fanno le fusa o che si muovono sono stati banditi dai suoi hobby.

Il suo ego ferito gli permetterà di trovare nuove imprese?

Forse, con un passato così sfavorevole, dovrebbero prendere in considerazione altri metodi.

Mai dire mai; cercare sempre di rimanere di mentalità aperta.

Jimmy è stato mandato a fare la spesa.

Acquista una bottiglia per il Dandy e cinque sigarette in regalo.

I caprifogli venivano tradizionalmente venduti in confezioni da cinque.

Non c'è da stupirsi che il loro padre si agiti!

Tutti i negozi erano puliti e nuovi.

Dove stava facendo la spesa Jimmy?

Uno era in piedi con gli occhi spalancati.

Dove le pozzanghere erano profonde.

Jimmy ha recentemente acquistato nuovi stivali di gomma.

Gli stivali di gomma sono stati sottoposti a prove rigorose a scopo di test.

Così fece il suo ingresso e cominciò a giocare, saltando qua e là.

Le sue gambe non erano fatte per riposare.

L'acqua scorreva sui muri.

Inizia prima con il cavo armato.

Ancora una volta, le scatole di ferro sono il fulcro di questo post a tema boxe.

Ben presto, tuttavia, queste fondamenta divennero instabili e suscettibili di sgretolarsi sotto pressione.

Jimmy colpì il pavimento, apparentemente privo di sensi; ha saltato?

Dall'interno usciva un denso fumo nero.

Pertanto, è sceso dal didietro.

La fuga era ormai cruciale e così lasciò rapidamente la scena.

Caino aveva lasciato il segno.

Il destino è stato crudele con tutti noi.

La sua pelle era scarlatta.

I capelli erano bruciacchiati e duri.

L'abbigliamento aveva sofferto pesantemente a causa dell'esposizione.

Col passare del tempo, tuttavia, il suo scarlatto fiorì sempre meno.

La balbuzie ha preso il suo tempo.

I risultati dei test sono stati positivi; le sigarette hanno superato i test.

Jim è riuscito a superare i suoi misfatti.

Entra nell'arcobaleno
Tesi con versi di accompagnamento

NEL 1997 MI TROVAVO tra i crateri e le trincee della "Grande Guerra" sulla Somme. Molti sono ancora da scoprire, ma quelli che sono stati ritrovati ora consistono in acri di piccole croci bianche. Se non fosse stato per questo tranquillo intermezzo, forse non avrei sentito il bisogno di pubblicare materiale più significativo. Penso anche che, se non lo facessi, sosterrei tacitamente le "tristi croci bianche" della prossima generazione.

LE POESIE SONO UN MODO per esprimere sentimenti, osservazioni e persino indagini astruse. La mia attenzione poetica si concentra spesso su quegli aspetti della condizione umana che ne minano le qualità superiori e sono quindi socialmente patogeni. Mi riferisco, ovviamente, alle anomalie che fanno parte della nostra accettazione quotidiana. Quelle astrazioni incongrue che mettono in discussione alcune delle nostre motivazioni accettate e ne contaminano altre.

ALCUNE DI QUESTE ANOMALIE meritano un'attenzione particolare. Queste anomalie sono il risultato del loro effetto collettivo.

L'evidenza della storia ci dice che questi aspetti negativi e il loro funzionamento più profondo non sono ben compresi dal grande pubblico. Siamo quindi condannati a ripetere la storia, a diventare i "piccoli attori" dell'eterna tragedia che viene spesso definita dagli storici come la lezione non appresa della storia.

LE FALSE CREDENZE SONO una delle principali cause di distorsioni. Queste distorsioni sono più evidenti nel modo in cui percepiamo e ci aspettiamo la nostra specie e come queste influenzano le nostre interazioni con loro. Questi atteggiamenti sono la ragione per cui così tante persone hanno un impatto personale sui cicli di eventi indesiderati della storia, e molte volte non lo sanno nemmeno.

SIAMO OBBLIGATI DALL'EVOLUZIONE a trattare le finzioni come realtà, il che avrà un impatto negativo su noi e sulle altre persone. Le finzioni sono anche lo strumento perfetto per i manipolatori.

IN TEMPI MODERNI, PRESUMIBILMENTE illuminati, è una sorpresa costante che molte persone siano ancora inconsapevoli di alcune delle influenze causali più evidenti dietro l'istituzione di governi tirannici. Mi vengono subito in mente Hitler, Stalin e Mao Zedong. Come molti altri regimi, questi riuscirono a consolidare la propria posizione attraverso una serie di eventi vantaggiosi. Questi eventi sono raramente, se non del tutto, isolati, poiché spesso sono stati influenzati da coloro che, per tornaconto personale, provengono da altri paesi. Se vogliamo affrontare l'inaccettabile dobbiamo guardare più da vicino a casa nostra. È chiaro che il gioco retorico giocato sull'ingegno di ciascun popolo è ciò che permette a questi governi dispotici di prendere piede (comunemente noto come metodo della "porta di servizio").

CLASSICAMENTE, IL MODO in cui tali regimi consolidano le loro posizioni è quello di aprire le porte a tutto ciò che è perfido all'interno della loro popolazione. Questi elementi sono la fonte dei moderni fanti della cattiva storia. Come hanno sempre fatto, si raduneranno verso i benefici di un evento e si dissiperanno negli svantaggi di quello successivo, tornando all'anonimato in tempi più stabili.

È FACILE SENTIRSI "PIÙ santi di te" quando sentiamo parlare di un altro regime pericoloso sul nostro pianeta, ma non è poi così lontano.

SOLLEVO QUESTE QUESTIONI perché queste continue esplosioni di comportamento umano negativo sono in realtà le immagini speculari dei potenziali di negatività che tutti possediamo. L'arrivo di circostanze opportunistiche determina la successiva manifestazione di questi tratti umani negativi. La porta per questo ospite sgradito non è mai completamente chiusa in nessun luogo della Terra. Le porte aperte sono inviti.

C'È SOLO UN MODO PER raggiungere questo obiettivo. Ciò si ottiene intraprendendo quel viaggio nella realtà. È quello che ti porta nei luoghi più oscuri della tua psiche.

DOBBIAMO SVILUPPARE le nostre capacità di navigazione, altrimenti diventeremo come i nostri antenati e finiremo come "relitti" sulla marea umana.

LA REALTÀ CI RICORDA che non tutti sono "persone meravigliose". Alcuni lo sono e altri non lo saranno mai. Per diventare migliori di quello che siamo, dobbiamo concentrare la nostra attenzione su coloro che non sono così meravigliosi. Altrimenti non abbiamo alcuna speranza di attirare più qualità umane nelle nostre vite.

QUESTO È IL MOTIVO per cui voglio sottolineare che la mia attenzione non è tanto sulle attività malvagie riportate sui nostri giornali, ma piuttosto sui crimini storici sottostimati, e quindi non affrontati. Dobbiamo comprendere meglio gli esseri umani bizzarri, pericolosi e spesso enigmatici che esistono in ogni società e percorso di vita. Altrimenti rimarremo semplicemente perplessi o resteremo a guardare e non faremo nulla.

QUESTE SPIEGAZIONI dovrebbero aiutarci a comprendere il significato di "Step into Rainbow".

L'ARCOBALENO È UNA potente icona archetipica che è stata incorporata in molte delle nostre canzoni. È stato usato miticamente per indicare la strada verso la pentola d'oro. Il primo passo però è stato riconoscerlo per quello che è.

POTREMMO INIZIARE RIPENSANDO ai "giorni giovanili" prima che diventassimo consapevoli degli arcobaleni. Fu in quel momento che realizzammo per la prima volta il significato delle componenti colorate dell'arcobaleno. Avevamo una comprensione terribilmente inadeguata della luce, che chiamavamo un luogo comune. Chi avrebbe mai creduto che fosse colorato in modo così intricato? Quante poche persone si sarebbero rese conto delle più ampie possibilità di questo paradigma? Ciò significa che, come un tempo appartenevamo tutti alla luce arcobaleno della comprensione (anche se in modo innocente), troppe persone della nostra specie sono invecchiate indistintamente e quindi in modo dannoso al di fuori di questa luce arcobaleno. Di conseguenza, furono in grado di promuovere le macchinazioni più complesse di cui l'umanità era capace. L'evidenza empirica degli eventi storici riflette questi fatti evidenti. Questa è la causa di brutti eventi storici.

SAREBBE UTILE PENSARE alla mente come a un oggetto a grande schermo con uno schermo sensibile che si trova sulla nostra scrivania.

CON QUANTA FACILITÀ la sua integrità può essere danneggiata. I controlli antivirus installati sono sempre pronti a rilevare eventuali bug fastidiosi che potrebbero essere entrati nel sistema. Immagina quanto saremmo inorriditi se qualcuno accedesse al nostro computer e vi scrivesse i propri programmi egoistici. Siamo molto più titubanti o ingenui quando si tratta del dispositivo infinitamente potente e personale che è proprio di fronte a noi. Questo personal computer umano ha una storia di essere una porta aperta per l'installazione di programmi egoistici e di distorsioni dei fatti da parte di altri. Questi sono alcuni dei virus astratti più distruttivi che possono infettare le nostre menti. È strano che sia così, dato che tutto ciò che dobbiamo fare è premere un tasto e il nostro scanner antivirus integrato inizierà a funzionare. Pensiero differenziato è il nome del nostro controllo antivirus. È anche il nostro fattore critico. È per sua natura individuante. Il guardiano è ciò che si frappone tra noi e la corruzione del nostro sé superiore. Questa funzione determinerà in definitiva se la osserveremo o meno.

Possiamo mettere in prospettiva le trasgressioni collettive utilizzando regole pratiche. Possiamo, ad esempio, identificare due elementi sociali chiave che sono al centro dell'ordine sociale che viene sconvolto. Provengono da una vasta gamma di gruppi sociali e rappresentano alcuni tratti umani. Il primo elemento ha un pregiudizio egoistico nelle sue distorsioni psicologiche. Per impostazione predefinita, il secondo elemento sociale è di supporto alla prima categoria sociale a causa della sua inconsapevolezza.

AVEVAMO CLASSIFICATO in precedenza una terza generalizzazione. La sua influenza è un forte baluardo di fronte agli altri due, e questo perché il suo atteggiamento era condizionato dai pensieri differenzianti che aveva. Questa è esattamente la caratteristica a cui mi riferisco; quello di chi è nell'"arcobaleno" della consapevolezza. È solo all'interno di questo stato che i colori e le sfumature compositi che compongono la natura umana vengono loro rivelati per una migliore comprensione e giudizio. Questo è infatti il tesoro che attende coloro che 'entrano nell'Arcobaleno'.

STESSA STORIA

LA STESSA STORIA RACCONTATA in modi diversi,

Il patto faustiano

LA STORIA DEL MONDO non ama l'egemonia psicologica

L'ENDOGAMIA CEREBRALE della maggioranza compatta

IL TIPO COMPOSITO DEGLI ultimi giorni

LA MENTE VIENE QUINDI surrogata.

INCANTATO DAL LABIRINTO

ORCHESTRATO COME UN bambino

UNA RETE INTRICATA che ha contaminato le scelte

PER EVIRARE LA VOCE interiore.

UN MODO DIPENDENTE dall'azienda,

UNA CARICATURA SOVRAPPOSTA,

SE ADEGUATAMENTE COMPRESA, si può leggere la politica superiore degli Stati Uniti.

DEVI RICORDARE CIÒ che disse Hegel.

"PERCHÉ CIÒ CHE CERCA una terza reazione, deve incitare una prima e una seconda fazione."

LA FORMULA DELL'ATTRITO reciproco

LA POLITICA PUÒ TRARRE vantaggio dall'interazione.

OGNI BRANCO SEGUE IL proprio percorso

PENSA DI COMPRENDERE il vero intento.

BOVINI IN MUNGITURA nella "sala mungitura"

COLORO CHE SEGUONO il loro leader sono quelli che avranno successo.

*HEGEL: TESI E ANTITESI

COSA È NASCOSTO ALLA luce

GIRARE LE PIETRE È un'opzione migliore

NON CI PIACCIONO LE esposizioni.

I FATTI DESIDERANTI non esistevano

QUESTA PIAGA NON VERRÀ fermata.

COSA È NASCOSTO ALLA luce che non è stato rivelato?

VENITE A TROVARCI DI notte

NED, BEN E LA GRANDE Guerra

LA PORTA DELLA STALLA di Ned rimase chiusa fino al mattino. Questo non era il suo luogo di nascita, ma uno nuovo. La stalla sembrava spaziosa, con letti pregiati e fieno dal dolce profumo.

NED RIMASE SORPRESO quando vide i movimenti in lontananza.

MENTRE UN ALTRO CAVALLO usciva dalla stalla.

NED HA DETTO "SANTO cielo", "mi hai spaventato,

"SONO NUOVO, QUESTA è la mia prima notte qui."

L'altro cavallo rispose: "Il mio nome è Ben".

"SONO MOLTO VECCHIO e ho bisogno di essere guidato"

PROBABILMENTE SARAI d'accordo sul fatto che non è piacevole stare da soli.

"ADESSO VA BENE PER la tua compagnia."

NED QUASI SUSSULTÒ quando sentì Ben dire .

LA SUA VOCE SEMBRAVA sorpresa mentre raspava: "Le tue imprese sono state legioni, e sussurravi con ammirazione. Sei l'unico che è sopravvissuto, l'ultimo che ha visto."

BEN DISSE: "ASCOLTA, ci sono cose che devo raccontare. Ho delle storie che voglio condividere".

QUANDO HO INIZIATO la mia vita lavorativa, era nel carbone e nella terra. Tiravo carri pesanti.

IL CAOS CONTINUÒ, PROPRIO come è successo per tanti altri.

GLI ANNI BRUTTI SEMBRAVANO finiti finché il cavallo non fu venduto all'asta. Il mio nuovo padrone mi disse: "Non sei adatto ad arare", ma dopo poco più di un anno ero un bellissimo cavallo.

IL MIO PADRONE ERA un buon amico e si prendeva cura del mio benessere mentre lavoravo nei campi. Si diffondevano voci di guerra e i procacciatori dell'esercito bussarono alla porta del mio padrone.

LA PREOCCUPAZIONE ERA evidente sui nostri volti mentre ci spostavamo da un posto all'altro. Al posto dei nostri nomi, ci hanno messo i simboli dell'esercito, cosa che ci ha fatto provare vergogna e ci ha fatto sentire persi.

I NASI ERANO DOLORANTI a causa di un'altra cosa che non andava.

TUTTO ODORAVA DI UN vecchio deposito militare. La nostra pace è vittima di questo caos. All'esercito piace gridare e fare molto rumore.

LA PAURA USCÌ DALLE nostre labbra quando fummo mandati in Francia a bordo delle navi. Mi è stato offerto un posto nel settore del trasporto cavalli.

I CANNONI LONTANI CREAVANO uno spettro terrificante.

I CAVALLI IN GRAN NUMERO si riversarono nella zona.

NON AVEVAMO DUBBI CHE sarebbero successe cose terribili.

I CAVALLI LO SANNO alla fine.

RITORNANO ALLE STALLE con l'avena, il fieno e i cavalli.

QUANDO QUESTI CAVALLI se ne andarono non tornarono. Questo era sbagliato e ci ha fatto sentire male. Un giorno, insieme agli altri, fui mandato in prima linea.

ABBIAMO SOPPORTATO il peso di una guerra che non è stata colpa nostra.

IL TERRORE ERA ALLE porte e la nostra sopravvivenza era in pericolo.

I CAVALLI CHE C'ERANO prima ora sono tutti morti.

SCIVOLAVAMO ESAUSTI attraverso vasti mari di fango e vedevamo i nostri amici in pozze di sangue.

MI HANNO SPOSTATO DI mezzo quando la fortuna ha visitato.

LONTANO DAI CANNONI e dagli oceani fatti di argilla

FU LÌ CHE RIMASI FINO alla fine della guerra e all'inizio del rimpatrio.

I CAVALLI ERANO TUTTI più vecchi di me quando tornai.

I LORO SPIRITI FURONO lasciati morire con i loro compagni.

IN QUELLA MELMA MORIRONO cinquecentomila persone.

CHI CONOSCE L'ANGOSCIA dei sopravvissuti?

IL TEMPO HA PRESO TUTTI i veterani e ha lasciato me.

NON RIESCO PROPRIO a vedere i cavalli liberati.

L'UNICO BARLUME È CHE stanno inventando veicoli per ridurre la necessità di allevare cavalli.

TUTTI I SEGNALI PUNTANO al futuro della nostra specie.

I NOSTRI NUMERI SI ridurranno più velocemente di un albero. Ned ha detto: "Questa è un'immagine triste. Perché il 'Grande Cavallo nel Cielo' ci ha gravato di questo destino?

BEN DISSE: "È DAVVERO divertente. Mi piace ridere.

MA "BIG HORSE IN THE Sky" è più di una semplice voce.

SI PRENDE CURA DEI nostri ultimi bisogni durante il rastrellamento finale nei cieli

LÌ VAGHEREMO IN LIBERTÀ dove nessuno sarà in grado di dominare te o me.

RICORDERÒ SEMPRE CHE, nonostante tutte le persone cattive che hanno posseduto te e me in passato, c'erano delle brave persone.

"BUONANOTTE E BUONI sogni per il tuo futuro."
    Le meraviglie di Dio da eseguire

IL MONDO BRILLAVA COME un cristallo trasparente.

TUTTE LE SUE ACQUE erano scintillanti e limpide.

LE TERRE PULLULAVANO di creature in libertà

MOLTO PRIMA DELLE TRAPPOLE e delle lance.

TUTTI SONO STATI TOCCATI dalla magia della Vita.

DOVE SONO ADESSO TUTTE le creature?

PERSO NEL SACRIFICIO sull'altare

QUELLI CHE HANNO CAMBIATO il volto del mondo.

ADDIO, MONDO. BRILLI come un diamante.

DITE ADDIO ALLE ACQUE limpide e rigogliose

ADDIO AL MONDO NATURALE e alle sue creature

SIAMO QUI PER TESTIMONIARE i miracoli di Dio.

ICONOCLASTA

USA IL TUO MARTELLO per distruggere falsi disegni.

TERREMOTO INVERNALE, frustate e nessun risultato

LA PRIMAVERA È LA PRIMAVERA che pone fine al periodo freddo.

PATRIMONIO

SONO DISPONIBILI PUZZLE astratti

LA MAGGIOR PARTE DELLE persone non è in grado di comprendere il concetto di "mente".

CON PEZZI FORZATI INSIEME

COMPITO CALCOLATO

QUESTA È UN'IMMAGINE falsa

CIÒ CHE SI RITIENE reale non è sempre ciò che sembra.

L'EREDITÀ DI OGNI BAMBINO è la sua.

LA VERITÀ È CHE È UNA bugia.

SARANNO TROPPO POCHI quelli che riusciranno ad arrivare ai loro ultimi giorni

L'IMMAGINE È STATA gettata a terra.

POSIZIONA QUINDI OGNI pezzo con cura.

DOVE POSSONO ESSERE trovati.

Due passi avanti e uno indietro

LE SCIMMIE INTELLIGENTI hanno lasciato la giungla

COSTRUISCINE UN ALTRO

INDOSSA OCCHIALI DA sole rosa

HANNO USATO LA PISTOLA.

SONO STATE DETTE MOLTE parole

A FAVORE DELLA LORO specie

MANTIENI I TUOI PENSIERI al sicuro

AVEVANO UN SENSO MORALE.

STOCK IN SCUSE COMMERCIALI

QUANDO LE COSE SONO andate male

TESTI PIÙ ANACRONISTICI

LE SCIMMIE NON MOLTO intelligenti non portavano mai occhiali rosa.

QUESTO COMPORTA UN tale insulto.

NESSUNA SUPERSTIZIONE va inventata

PER INTRAPPOLARE LA mente.

CIÒ CHE VEDI È CIÒ che ottieni

CIÒ CHE ERA REALE È rimasto inalterato.

NON ROVINARE MAI IL loro mondo

O IL MONDO DEGLI ALTRI,

LE REGOLE DELLA NATURA:

A DIFFERENZA DEI LORO fratelli intelligenti

SOFISMI

IL CONSENSO È CHE IL buon senso

INSISTERÒ SEMPRE

CERTE REALTÀ

NON ESISTE UNA COSA come l'inesistente.

COSA È REALE E COSA non lo è?

NON RESISTE,

DI COMUNE ACCORDO

DUE COSE SONO COSTANTI.

NATO NELL'IMMAGINE

NATO NELL'IMMAGINE......

QUINDI DEVE ESSERE benedetto

UN PIEDISTALLO PERICOLOSO

LUOGO DI RIPOSO

COSA DIVENTA UN MANTELLO?

NON È QUELLO CHE È

QUALCOSA STA MARCISCE dentro

E NON DIMENTICHERÒ.

CIÒ CHE È COPERTO, viene soffocato

NON PUOI RESPIRARE.

COSA NON È VENTILATO

MARCIRÀ E DIVAMPERÀ.

QUAL È LA FONTE DEGLI errori?

LA NATURA ALLORA È snob.

HA LE SUE LEGGI

RESI DIFETTOSI

IL SANGUE È PIÙ DENSO dell'acqua

HO SENTITO UNA DONNA dire che il sangue è più denso dell'acqua.

AVEVA UN FIGLIO TERRIBILE e una figlia peggiore.

HA COMBATTUTO PER LORO anche se avevano torto.

DIFFONDERE DOLORE E rancore dove non appartenevano.

Dicevano che il sangue è più denso dell'acqua. Il loro paese aveva ragione. Non dare quartiere agli altri. Combatteranno per la loro causa e non sbaglieranno mai. Diffondono odio e dolore agli altri dove non appartiene.

HO SENTITO UNA VOCE. Il sangue non è più denso dell'acqua. Non sostengo l'ingiustizia in casa mia. Il mio Paese, quando è giusto, ma non quando è sbagliato.

NON SPARGERÒ RANCORE o dolore dove non è giusto.

SPECIE AMBIVALENTI

LA SANITÀ MENTALE E il suo gemello ombra

CREATIVO E ROVINOSO.

LE NAZIONI DELLA GRANDEZZA fioriscono

SI OCCUPANO ANCHE DI cose minori.

È STRANO CHE CE NE siano solo pochi.

PUÒ INGANNARE MILIONI di persone in tutto e per tutto.

COLORO CHE GOVERNANO sono anche coloro che fanno la guerra.

QUELLO CHE C'È SOTTO, non sarai in grado di dire il punteggio.

AMMORBIDITO CON LA propaganda

DISINFORMAZIONE MASCHERATA da candore

I PADRONI DI CASA NON cederanno finché non saranno tutti confrontati

INIMICIZIA SUL CAMPO.

POI, L'OMBRA LANCIA i suoi dadi truccati

IL PREZZO DELLA SANITÀ mentale è alto.

IL BAMBINO BOVINO

ERO UN BAMBINO CON un sogno.

CHI AVEVA BISOGNO DI una madre tranquilla e di campi verdi e silenziosi?

MA IO SONO UNA MERCE in una cassa.

COME TENERA CARNE BIANCA, con un destino terribile.

SEI SORDO AI SUONI del nostro mattatoio?

STIAMO SOLO METTENDO carne su un piatto?

GENTILE D'ACCORDO

QUELLA TACITAMENTE concordata.

AGGIUNTA ALLA MENTE di un altro.

IN MODO SEPARATO

LA FAMIGLIA DELLE CREATURE

METTITI SU QUESTA TERRA per vivere

IL TUTTO È UN TUTTO integrato

NON PRENDERE PIÙ DI quello che dai.

L'EVOLUZIONE HA PRESO solo una specie

PER UNA STRADA DIVERSA

QUESTE CREATURE SONO privilegiate

CON OSCILLAZIONE ECCESSIVA.

TUTTI DAVANTI A LORO, saccheggiano tutto

INCLUSO NELLA PROPRIA specie

LA TERRA, IL MARE E l'aria furono tutti violentati;

ERANO CIECHI RIGUARDO al proprio futuro.

Queste creature erano intelligenti.

IL SUO SCOPO È LIMITARE.

HANNO IDEATO DISPOSITIVI

PER EVITARE IL SUO dolore mentale.

LA LORO FEDE SERVIVA a uno scopo utile

COME CREAZIONI AUTOINGANNEVOLI,

IN QUANTO SANTUARI, sono luoghi in cui le coscienze possono essere protette

ACQUISIRE DISPENSE

I PRINCIPI DELLA RAGIONE

IL MIO CREDO DI COLORE o i crimini della mia nazione

SONO STATI LORO A FARLI.

NÉ TUO NÉ MIO

IL MIO CREDO SUL COLORE o le virtù della mia nazione

SONO STATI LORO A GUADAGNARSELI.

NÉ TUO NÉ MIO

PENSIERI DEL GRANDE Oceano

IL GRANDE OCEANO DEL pensiero

UNA MIRIADE DI INTERAZIONI di dati,

LA MENTE È INONDATA da ogni pensiero

È IL SUO UOMO.

CORRENTI FEROCI ABISSI abissali,

ALCUNE PERSONE CERCANO un modo per raggiungere i propri obiettivi.

LE ACQUE BASSE SONO sicure

STANNO ARRIVANDO I banchieri.

LUNGO LE SPIAGGE SPUMEGGIANTI

DOVE GIACCIONO LE ILLUSIONI.

BOLLE NON SUPPORTATE che scoppiano

LASCIARE ASCIUGARE la passera.

PROBLEMI DI FERTILIZZAZIONE incrociata,

LE FORME CAMBIANO CONTINUAMENTE.

FORME ESALTATE E PLEBEE

OGNUNO SFUGGE AL PROPRIO ruolo.

LA VERITÀ È UN UCCELLO

LA VERITÀ È UN UCCELLO che canta magnificamente

NON SI SENTE DOVE NON dovrebbe essere.

LA VERITÀ È LA FENICE che sorge dentro alcuni.

NOTO PER L'AZIENDA in cui si trova.

CI SONO ALCUNI UCCELLI che volano bassi.

LA MENZOGNA SEMBRA uscire dalle loro bocche.

SEMINARE L'ARIA IN uno stridio discordante

UCCELLI DI UNA PIUMA e lingue su una forchetta

L'ARROGANZA DELL'UFFICIO

SAPRAI COSA VUOI AVERE se lo chiedi.

RISERVA PER SÉ IL SUO sfarzo e la sua ostentazione.

NON IMPORTA QUALE SIA il nome del sistema,

LA BUROCRAZIA GIOCA i suoi giochi consacrati dal tempo.

IN MOLTE SOCIETÀ LE tasche sono piene di denaro rubato

COLORO CHE COSTRUISCONO palazzi adatti al proprio tipo.

L'UFFICIALITÀ È BASSA e l'ufficialità è alta.

PRESENZE NASCENTI CHE vanno male

PERDITA PER COLORO che hanno motivazioni pure

IL LORO CREDITO AUMENTA l'attrattiva dell'altro tipo.

UNA POPOLAZIONE INGEGNOSA coltivava un raccolto

GLI IMBROGLIONI DELLA fiducia sono coloro che salgono la scala del successo.

UNO STRATAGEMMA SEGRETO

IL SEGRETO È STATO rivelato alle orecchie di un'altra persona

E IMPLORÒ DI RIMANERE dove era stato diretto.

IL PRESCELTO È NOTO per essere un idiota

SEGRETI CHE RISUONERANNO

SAPEVO CHE QUESTO ERA un orecchio e una canna con una perdita.

E LA SUA BOCCA VUOLE cantare.

OGNI LINGUA E OGNI orecchio sono una parte del tutto.

SEGRETO COME IL SUONO della campana di una chiesa

ADESSO ASPETTO LA FRUIZIONE

LE PAROLE CHE HO INVIATO loro durante la loro missione

DOV'È IL MIO NIDO DI piccione?

VEDRAI CHE SAGGIO INVESTIMENTO ho fatto.

DEMETRA VENDICATIVA

OGNI ESSERE VIVENTE,

OGNI PIANTA E OGNI albero

PARTE DI UN SISTEMA integrato

SULL'EPIDERMERIA DELLA Terra.

L'ARIA, L'ACQUA E LA terra ne fanno parte.

PER ENTRAMBI VALE LA stessa equazione.

QUESTO È MEGLIO VEDERLO meccanicamente

SI SPERA CHE LA VALIDAZIONE.

TUTTO SULLA TERRA

SI UNISCE IN UN'UNICA macchina

PUÒ RISOLVERE I PROPRI problemi

QUESTE COSE SONO SEMPRE esistite.

LE SUE PARTI SONO ORA danneggiate.

MOLTI ALTRI FURONO distrutti.

I MACCHINARI RIMBOMBANO.

È INEVITABILE CHE CE ne siano altri.

LA COLPA È DI UNA SPECIE

AFFITTO ARRETRATI DA molto tempo

SENZA RIGUARDO PER i bisogni degli altri

È TROPPO NUMEROSO, troppo speso.

IL PIANETA TERRA NON è senziente.

COSA C'È SULLA SUA pelle?

CIÒ CHE MUORE O PROSPERA inefficace

LA SUA ORBITA O ROTAZIONE.

QUANDO GLI APPRENDISTI giocano

MENTRE IL MAGO ERA assente per molto tempo,

L'APPRENDISTA HA TRASCORSO una giornata meravigliosa.

MA GIOCARE DA SOLI non è sempre divertente.

COSÌ COMINCIÒ A LEGGERE l'incantesimo dal suo libro.

NE FECE ALTRI DELLO stesso tipo con un semplice gesto della sua bacchetta magica.

ERA IN UNA SITUAZIONE difficile quando tutti hanno fatto la stessa cosa.

POTEVA VEDERE CHE PRESTO non ci sarebbe stato posto dove stare, quindi ne mandò gruppi in ogni terra conosciuta.

UNA VOLTA ARRIVATI, avevano bisogno di essere nutriti.

MANGIANO CON FURIA e gli animali fuggono.

BEN PRESTO, ALCUNE terre rimasero con poco cibo

SOLO POCHI ERANO PIÙ ricchi di altri.

IL PUNTEGGIO È CRESCIUTO fino a cinque cinque miliardi di dollari nell'anno 94.

IN SOLI QUATTRO DECENNI il loro numero raddoppierebbe, portando con sé problemi inimmaginabili.

I MARI, L'ARIA E LA terra ne risentirono.

ALCUNE TERRE NON ERANO così verdi. Stavano perdendo pioggia. C'erano problemi ovunque. I luoghi caldi divennero freddi e quelli freddi bruciarono.

IL MAGO ARRIVÒ TARDI e non rimase perché tutto era morto.

TEMPO DI SOGNO

I NUMERI ERANO POCHI, ma abbondavano.

TUTTE LE RISPOSTE SONO state trovate nei loro sogni.

I NUMERI SONO AUMENTATI nel tempo.

COSPIRARE CONTRO LA fine del sogno

PIÙ GRANDI SONO I NUMERI,

QUANTO PIÙ IL CAOS prendeva il sopravvento, tanto peggio diventava

NON PIÙ CIASCUNO CON una visione guida

ESSENDO CADUTO IN FALLO nella revisione del pensiero.

ERANO QUELLI CHE ERANO motivati dall'auto-ricompensa.

HANNO SEMINATO I SEMI per servire la propria specie.

INVENTANDO SPAVENTOSE superstizioni,

LA LORO MISSIONE ERA intrappolare la mente.

PENSIERI COLLETTIVI sull'ingegneria

PER SCONFIGGERE LE menti perspicaci e libere.

È ORA DI APPROFONDIRE questo tema

TUTTI I PENSIERI ERANO diretti alla direzione dell'inclinazione.

I FALSI PENSIERI SONO radicati nell'abisso del tempo.

QUINDI OTTENGONO UNA vita propria.

IN FUTURO SOPRAVVIVERÀ ancora,

LE FECCE CULTURALI sono ciò che li mantiene in vita.

POCHI SARANNO INTERESSATI a scoprirlo, quindi saranno pochi.

LA RISPOSTA È COSÌ lontana.

PRIMI NUMERI SCARSI nel nostro genere

OGNI MENTE INDIVIDUALE è unica.

I NUMERI SONO IN AUMENTO.

L'INTERAZIONE DEI PENSIERI può essere uno strumento potente.

DISTORSIONI DELLA VISIONE collettiva

CI SARANNO PERDITE.

SU COLORO CHE SI TROVANO all'interno di un dominio condiviso

CI DEVE ESSERE UNA rivendicazione collettiva.

NON VISTO DALLA MENTE, non messo a fuoco

LE RIVENDICAZIONI COLLETTIVE sono spesso false.

IL PERCORSO VERSO UNA mente individualizzata

È DIFFICILE DA TROVARE.

PER OGNI MENTE MODERNA, indossa ancora

LE INSIDIE NASCOSTE dell'antichità.

UNA TRAPPOLA PUÒ TRATTENERE completamente la mente.

MA NON QUELLO INCLINE all'indagine.

SCOPRI COSA PUOI TROVARE e fai luce su di esso

NEGLI ANGOLI PIÙ BUI della tua mente.

ALTRIMENTI LA STRADA è cieca.

GLI INTRIGHI NELLA testa di un altro

MENTE OGGETTIVA

LA FASE OGGETTIVA DELLA mente umana

CIÒ CHE LASCIA È UN segno del suo carattere.

L'UOMO DEL PALEOLITICO non ha lasciato quasi nulla

COLORO CHE LO PRECEDONO avranno meno da dire su di lui.

IL TEMPO FA UN SALTO nel futuro

HO SCOPERTO CHE L'UOMO è una creatura più fantasiosa.

NEL CORSO DEGLI ANNI, la sua mente era diventata uno strumento

SOTTOMETTERE E GOVERNARE il suo mondo

Sogni appassiti | Gioventù calante

C'erano così tante cose lasciate incompiute.

Diffidare di eventuali promesse che evaporano senza preavviso.

Lo spreco è stato a lungo lamentato.

Gli individui possono lasciare il segno nella società Alcuni faranno una dichiarazione di grande impatto con ciò che possiedono dentro.

Altri decidono di agganciare il carro.

Decine di altri fanno un'offerta contro di te per vincere.

Ad alcuni semplicemente non importa.

Scegliendo la povertà o la fama, alcuni optano per la strada più semplice e alla fine falliscono.

I vincitori della vita spesso diventano le sue vittime.

Alcuni trovano il tempo per servire gli altri.

Alcuni individui sfruttano determinate risorse senza riserve.

Alcuni considerano gli animali vulnerabili e meritevoli di abuso.

Anche se bisogna mostrare sconsideratezza nei confronti delle creature intelligenti.

Altri scelgono la strada che seguono altri.

Sottostrutture sociali: prendi la scorciatoia

Scegli velocemente la tua destinazione.

Scegli quale attira e trova l'offerta speciale. Allontanarsi da un luogo reale che sembra travolgente; le scorciatoie servono a manipolare i clienti, anche quelli più avveduti.

Potrebbero cadere preda di questa scienza e diventarne vittime.

La disinformazione è il suo segno distintivo.

Mantenere un'attività stabile aderendo a queste pratiche.

"Poiché non esiste un software simile per nessun altro sistema operativo", questo sviluppo non è una novità.

Non c'è mai stata alcuna struttura sociale definita per sostenerlo.

A prima vista, questi problemi sembrano semplici, ma dopo un esame più attento emergono ulteriori difficoltà.

Non più subdoli nel loro inganno!

Epitaffio del giovane soldato 1914-18

Con i nemici costantemente alle calcagna e attività di saccheggio incontrollate, come spererai mai di prevalere su un avversario che persegue in modo così aggressivo?

Il suo corpo si rifiutava di seguire i comandi della sua mente e si muoveva solo di propria volontà.

Era un adolescente ribelle; con una mente tormentata sull'orlo del baratro.

Fango fino alle caviglie in una trincea dall'odore terribile;

Labbra e gola screpolate che nessuna quantità di acqua potrebbe lenire sono una condizione scomoda a cui nessuna quantità di liquido potrebbe porre rimedio.

Ieri ho ordinato due binocoli.

Man mano che ci avviciniamo ai nostri nemici, essi diventano sempre più vicini.

Molti, giovani quanto lui;

La paura era evidente sui loro volti, riflettendo la sua ansia.

Ci pensò un attimo, poi si rese conto del suo errore:

Quanti uomini ci sono da entrambe le parti?

Sono stati sotto pressione finché non hanno accettato di fare volontariato.

Cerca una trincea fangosa in cui nasconderti.

Si ricordò del suo villaggio natale.

Goditi uno spazio sereno e accogliente:

Oh, come cambiò la situazione con lo scoppio della guerra!

Dopo essere stato accusato di cattiva condotta, ha dovuto affrontare un'ulteriore umiliazione pubblica.

Poteva vedere le band che suonavano ancora.

E poi ci sono manifesti ovunque!

Aveva grande stima per coloro che rispettava.

Chiunque avesse iniziato a indicarla e a fissarla fu costretto dai suoi coetanei a smettere di farlo.

Ascoltami, ragazzo; restate civili, se possibile."

Trasformiamo la tua vita.

A quel punto la sua libertà era stata ceduta ad altri.

Persa già la libertà, ora sembra che debba fare affidamento sulle reclute del gioco per salvarsi.

Il costo era qualcosa di cui non avevano idea.

Trovava impossibile pensare oltre questo momento.

Tutte queste pietre miliari hanno assicurato il suo posto.

Un antiestetico cratere fumante.

Il giovane soldato lasciò le trincee.

Ben presto ritornò al suo vecchio villaggio di residenza.

Dove hanno alterato il suo buon nome. Arrivò a casa e trovò la porta del cottage di sua madre spalancata.

Erano presenti molte persone.

Mentre si muoveva tra loro, osservava le loro attività.

Ha sentito le loro voci che contenevano bugie.

"Ci mancherà moltissimo."

Perché ha fatto un sacrificio così enorme?

Sei pronto a combattere al fianco dei soldati in un'alleanza?

Il suo volto cominciò a trasformarsi in uno di risentimento. Apparve un'espressione accigliata.

Nessuno aveva mostrato interesse per lui o si era rivolto a lui per chiedere sostegno.

Non appena ebbe posato lo zaino e la pistola, si fermarono.

Gli occhi addolorati della madre riempirono tutto il suo essere.

Come se fosse assente:

Poi si rese conto della verità della situazione;

Non poteva sopportarlo da solo.

Entra, Jack! disse la voce da fuori.

Qui c'è solo il dolore per te.

Voltandosi, notò una vecchia conoscenza.

Che aveva perso la vita più di un anno prima.

Mentre vagavano fuori dalla porta, diventavano irrequieti.

Un vecchio amico spiegò al ragazzo.

Felicità e pace ti aspettano nel tuo futuro.

Nota a piè di pagina: incorporare status, età e sesso come variabili chiave.

Nascondendone alcuni così compiacentemente sicuri, con cuori privi di compassione.

Fornitori di ossari: questi fornitori.

Ai lati, chiacchiere in sicurezza.

Incitare inconsapevolmente gli altri alla battaglia.

Pensieri del limbo

Un pensiero che sembra bloccato tra i mondi o comunque è incompleto e non riesce a trovare il suo posto nella realtà.

Pensieri come questi da soli costituiscono uno sforzo sprecato.

Un frutto marcio lasciato appeso alla sua vite.

Ma le convinzioni condivise danno forza.

Restare ancorati e immobilizzati non sono soluzioni praticabili per trovare successo nella vita.

Scegli invece di formare un sindacato, dove il merito sarà valutato in modo più completo.

Creando così il proprio slancio.

Cecità filiale per familiari e parenti nel Missouri e Nebraska

Scopri i segreti più oscuri nascosti all'interno.

A volte la verità può colpire da vicino e creare stress emotivo sul suo cammino.

Quando il disastro colpisce troppo vicino a casa, abbiamo bisogno di una rete di sicurezza nel caso in cui la tempesta diventi violenta.

Creatore di dispetti

Un creatore di dispetti propaga accuse ingiuste per il proprio tornaconto. Cinquanta Voci Accordo 50 voci sono d'accordo per vari motivi. Il frutto della natura

L'aspettativa è che soddisfino i suoi bisogni.

Mentre tutte le parti si impegnano a soddisfare questa esigenza,

La natura non offre aggiustamenti di prezzo.

Proselitista dell'omosessualità

Un concetto può provenire da qualsiasi fonte; non conosciamo la sua esatta origine.

Le manifestazioni metafisiche si verificano nello spazio.

Mente che agisce su questo suggerimento

L'integrità non è in discussione

Sistematizzare attraverso la loro neurologia

Integrare la sua fisiologia.

Quindi dal punto di vista del processo introspettivo.

Gli astratti si manifestano oggettivamente.

Non se n'è accorto né si è preoccupato

Cigni raccolti a centinaia.

Il sole autunnale stava gradualmente diminuendo sulla costa della campagna.

L'inverno arriverà presto e abbastanza presto.

Inaspettatamente, però, un pescatore sulla riva ha improvvisamente premuto il grilletto della sua pistola e ha aperto il fuoco con la sua potente canna rotonda:

Un cigno non ha più alcuna conoscenza della vita.

A prima vista sembrava che tutto andasse bene per loro finché una creatura emerse improvvisamente dalle acque con la testa coperta da un'ala e tutte le altre lo circondavano.

Ha agito di conseguenza e lo ha eseguito con successo.

Cacciatore con il fucile in mano

Si è tolto una vita innocente.

Creando sofferenze inutili tra gli altri.

Eppure non ho riscontrato alcun disagio o interesse.

Apologeta = Protezione contro la Realtà

A volte può sembrare più facile rimanere irreali, un tentativo di elusione con cui gli altri devono fare i conti.

Consciamente o inconsciamente

I semidei con menti cadute abbondano nei loro mari mentali, portando il "Marchio di Caino".

Attraverso varie tecniche impiegano per nascondere la loro condizione.

Le convinzioni sono alla base della società.

Queste persone spesso scelgono uno stile di vita da country club per la pensione.

Le sabbie mobili sono particolarmente difficili da trattare.

Da lì iniziano le derive.

Questi rischi nei mari cerebrali

Gli equipaggi Stygiani che possiedono tratti perniciosi possono rivelarsi estremamente insolenti.

I Pirati delle Acque Interne possono selezionarne di più ampi.

Queste sono solo astrazioni.

Abstract che non sono condivisi pubblicamente

Pericoli per i loro proprietari.

Nient'altro potrebbe essere compromesso.

I concetti astratti in genere necessitano di espressione.

Mantieni in mente un obiettivo generale trasformando le idee in passaggi di azione.

Così i tenui mari delle Eolie.

Cadere vittima degli equipaggi senza scrupoli

Un'organizzazione internazionale di scienziati ha proposto di sfruttare l'intelligenza artificiale per l'esplorazione della Terra.

Priorità da tenere a mente quando si cercano le vittime. Le menti socchiuse oscuravano la luce auto-contenuta.

Senza macchia per brillare.

Gli elementi prioritari potrebbero essere considerati meno essenziali.

Una volta raggiunto, ci si dirige verso il suo confine ombreggiato e sbiadito.

La coscienza è la chiave

Sii consapevole quando infliggi danni agli altri; dare con cura.

La compassione mantiene queste ferite guarite.

I peccati del passato sono ancora lì perché possiamo vederli e riconoscerli.

Le chimere oniriche possono apparire nei tuoi sogni e causare grande disagio.

Le menti giovani possono essere modellate da quelle più anziane mentre interagiscono.

Promuovere o ridurre il loro potenziale. Alla fine queste menti ritornano ai loro proprietari.

I materiali resinosi spesso passano inosservati durante i processi di rimodellamento.

Pur vedendo le cose per quello che non sono, la loro vera essenza non verrà dimenticata.

Le cose che non ti appartengono possono portare un sollievo temporaneo, ma alla fine quelle cose che ti appartengono ti porteranno gioia e soddisfazione.

Dimettersi mentre gli altri dormono

Oscure e profonde caverne dell'oscurità attendono l'esplorazione.

Queste stelle non corrispondono a come ci aspettavamo che fossero!

Non c'è né il sole né la luna ad illuminare la strada verso una destinazione sconosciuta.

Dove le nuvole che conosciamo non sono ancora nate.

Una volta in questo posto hanno pianto.

Dove la musica è la melodia inconoscibile

Si parla di runa sconosciuta.

Anche volubili sono le sue ali.

Luoghi e cose sconosciute.

A loro insaputa, l'oscurità esulta.

Nonostante tutti i suoi talenti nascosti, gli stratagemmi da essa utilizzati rimangono nascosti.

Ma le ombre si scagliano con tutta la loro forza.

"Su coloro che entrano con paura."

Le chimere devono guadagnarsi il loro posto.

Quando scoprono che i loro appetiti rimangono soddisfatti, ma l'oscurità li sfugge,

L'alba porta con sé le sue luci splendenti.

Ispezionano eventuali punti nascosti di danni e effettuano le riparazioni di conseguenza.

o perdere la carica come mai prima d'ora.

L'aumento dei raggi orientali porta con sé temperature più luminose che promettono sollievo dalla siccità.

Ripercorrere i loro passi come i piedi che tornavano ancora a calpestarli.

C'è chi deve, in quella luminosa giornata, andare avanti.

Lo trasformerà in una luce infernale ancora più grande.

La luna pendente in sequenza porta al ricongiungimento di cose sonnarie vendicative.

Sindrome del vaso di miele

Le api preferiscono diverse varietà di miele per diverse applicazioni.

Interessi non legati ai dolciumi sciropposi.

Esistono varie varietà di vasi di miele.

Non è difficile da individuare, anche se le api che cercano fonti di nettare potrebbero rendere il tuo lavoro più difficile.

Non devono dimostrare di essere propensi a tali azioni.

Motivo speciale

Alcuni possono avere un sapore delizioso solo occasionalmente.

Altri sembrano pieni di entusiasmo e felicità.

Potrebbe essere necessario ammettere in questo caso.

Spesso si scopre che le api che si impegnano in questo vagabondaggio lo fanno da sole.

Ci deve essere qualcos'altro là fuori?

Vestirsi come un'ape era la norma.

Parallasse: viste da luoghi diversi

Falsare la posizione di Cynosure nel cielo

Cynosure sia nella posizione destra che in quella sinistra

I pensieri predeterminati spesso modellano la nostra visione.

Cavalieri bianchi mitologici

Per quanto riguarda le divinità, ce ne sono una serie infinita in questo universo.

Ci si aspetta da loro che purghino i nostri peccati, ci purifichino e ce ne perdonino.

Dove è iniziato tutto questo?

Idee a prova di errore pensate per quando le cose vanno male

Le persone di tutto il mondo provengono da qualche parte.

Intervento di terzi.

La cattiva direzione è un inganno: quando la nostra attenzione viene deviata verso una cosa invece che verso un'altra.

Ciò che facciamo è ciò che siamo.

Nessun cavaliere bianco appare da lontano.

I Cavalieri Bianchi nascono dall'interno.

Quella è sempre stata la loro casa.

Al momento abbiamo a disposizione un'adorabile statuetta del Cavaliere Nero.

Il tuo successo nel controllare il Nero dipende da te e da me.

I cavalieri appaiono spesso come civili.

Pertanto, abbiamo bisogno di occhi attenti.

Tuttavia, alla fine, abbiamo la nostra libertà.

Selezionarne uno da uccidere potrebbe non essere semplice.

Le menti rimangono aggiuntive

La natura possiede molti strumenti per proteggere i suoi discendenti dal rimanere indietro e noi le dobbiamo la nostra gratitudine.

Fa molto affidamento su due strumenti: il suo cane e il suo gatto.

Le piante carnivore sono devastanti

Nel tempo mantieniti agile e in buone condizioni fisiche.

Hanno svolto un ruolo determinante nel plasmare l'evoluzione attraverso il mistificante sistema di numeri della natura.

Ogni contributo è stato riconosciuto con gratitudine e accettato con gratitudine.

Il controllo di qualità era un altro segno distintivo di eccellenza.

Promuovere l'eccellenza per prosperare

Gli studenti che non hanno superato l'esame sono stati informati.

L'unificazione fu raramente riconosciuta o approvata.

Gli animali carnivori avevano di più da offrire all'ambiente.

La paura è stata generata attraverso le loro azioni.

L'evoluzione fornisce a tutte le forme di intelligenza un percorso evolutivo da seguire. La natura fornisce queste creature come esempi da seguire.

Per evitare che falliscano, è fondamentale che le aziende si proteggano aderendo a strategie di continuità aziendale.

Il suo piano più ampio era già stato delineato.

Le menti erano ancora aperte.

Se la Natura non avesse fatto la sua parte per mantenere le sue stalle.

Hai optato per idee lanose a breve termine?

L'abbondanza e la varietà della vita attendono tutti noi.

Avrebbe subito pozioni avvelenate.

Tutte le forme di vita sono temporanee.

Sono tutti pensatori veloci.

La natura d'altro canto fornisce stabilità.

Tali paraocchi non la ostacoleranno.

Se dovesse presentarsi un altro piano, ci adatteremo.

Non tutto ciò che deriva dalla natura deriva direttamente da essa.

Si sarebbe semplicemente seduta e l'avrebbe guardato crollare.

Riconfermare l'amministrazione.

Gli apriporta sia nel bene che nel male sono strumenti essenziali per aprire qualsiasi porta nelle nostre case o uffici, eppure molti consumatori scelgono ancora apriporta fragili senza riguardo per i problemi di sicurezza.

Combinazioni inarrestabili;

La mescolanza è al centro di ogni nazione.

Questa immagine comprende ogni livello.

Ovunque trionfi il bene, si otterrà anche la vittoria.

Non appena emerge un difetto fatale, l'ordine si disintegra rapidamente nel caos.

Ignaro della sua malizia.

Verrà solo il bene nel vederne qualcuno nei nostri simili.

Accetta le loro trasgressioni per amore della tranquillità.

Sebbene le loro azioni possano sembrare innocue, il loro impatto potrebbe avere gravi conseguenze.

La loro storia è lungi dall'essere brillante.

Incessantemente questa visione offusca?

Il tessuto sociale è profondo.

Individui che hanno opinioni così sbilanciate.

Negare la loro virtù interiore.

Gli apriporta hanno un posto importante nella storia.

Gli sfruttatori possiedono passaporti per raggiungere i loro obiettivi.

Karl Marx aveva una visione sbilanciata.

Ne arrivarono milioni e fiorirono imperi malvagi.

Tali idee hanno radici emotive.

La tua idea è potenzialmente dannosa e dovresti procedere con cautela.

Motivo della contraffazione: arroganza nascosta o meno,

La varietà di tipi e bisogni è abbondantemente presente in ogni comunità.

Le singole specie che abitano questo habitat tendono a specializzarsi nel nutrirsi di particolari organismi o si nutrono esclusivamente di altri tipi di cose o creature, rendendo questa regione unica e desiderabile.

Se presa da sola, emerge un'immagine incompleta.

I monarchi senza sudditi possono facilmente candidarsi.

L'autoaptesi si presenta in diverse forme; varietà grandi e più piccole spesso coesistono insieme in base all'abilità.

Sceglie la sua nicchia.

L'insinuazione è una delle migliori strategie disponibili.

Quando un'organizzazione tenta di raggiungere la rispettabilità presentandosi in questi modi, la sua credibilità evaporerà rapidamente.

I ciechi non devono temere.

Anche le accuse di aggressione contro di loro devono essere affrontate.

Strumenti che aiuteranno nella risoluzione dei problemi - Forzare le questioni oltre la spiegazione razionale richiede fede.

Il pensiero imprudente porta a risultati non desiderati.

Coltivando febbrilmente miti e religioni.

Il percorso della storia verso la distruzione.

Il mito e le religioni sono stati a lungo elementi fondamentali nella società; entrambi possono servire come fonte di forza nei momenti di angoscia.

I despoti spesso possiedono vari strumenti utili a loro disposizione.

La tirannia non arriva senza sacrificio e sguardo malizioso costante.

Attraverso la storia sia antica che contemporanea.

Guardando indietro di duecento anni, Aposteriori porta avanti una storia affascinante.

Avevano delle idee strane e indifendibili.

Ma si guardarono indietro e fecero la stessa cosa.

Ogni generazione afferma questa affermazione.

Quando le nostre vite diventano il passato, tutto diventa meno chiaro.

"Sarà il nostro turno", creando così un tema continuo e ripetitivo.

Il tempo non guarisce tutte le ferite.

Naturalmente attratto da spazi e ambienti innovativi, possiedo una curiosità istintiva per tutto ciò che può rivelarsi emozionante o inaspettato.

Causa ed effetto diventano spesso fonti di conflitto e instabilità.

Questi eventi sono sintomi.

L'inganno può portare a risultati disastrosi;

Dove viene considerata la relazione di causa ed effetto.

La psicologia umana è piena di forze nascoste in gioco che minacciano il nostro benessere.

Viviamo ancora in un'epoca di follia?

Quale precedente ne definirà il futuro?

Usa il tuo pedone come leva.

Giungla nascosta Carnivori della giungla nascosta

Dove tutto è reale e non esistono illusioni, nulla può diventare cibo. Sfortunatamente, però, alcuni hanno abbandonato il mondo reale e se ne sono andati.

Hanno portato con sé la giungla.

Vestirlo di illusioni per proiettare una prospettiva più positiva. Personalizzando i propri deliri per coprire ogni angolo, anche quelli più discreti hanno dato il loro contributo.

Alcuni si sono allontanati così tanto che si sono addirittura trasferiti.

L'errore era il loro alleato

Le tonalità più rosse tendono a dominare nelle strutture degli artigli e dei denti.

L'inganno aveva preso piede e aveva deciso che la bontà è intrinseca.

Non è stato riscontrato che questi predatori costituiscano una minaccia diretta.

Genitori che stanno disciplinando.

Quindi il predatore è stato eliminato con successo.

Supponendo che fosse una preda,

Mentre la giungla tratteneva il respiro, regnava il silenzio ovunque.

Mentre salutiamo questo giorno a braccia aperte.

Le iene non venivano più trattate come predatori; piuttosto è stata mostrata loro gentilezza.

Compassione mostrata verso i predatori

Questi cambiamenti spesso diventano riluttanti. Agendo in base a questi impulsi e alterando le loro convinzioni, queste persone possono essere private del diritto di partecipazione.

Le iene furono felicissime quando la compassione iniziò ad emergere e si resero conto che la loro illusione era sbagliata.

Il tempo passò velocemente. Passarono decenni.

I problemi non diminuirono; anzi è aumentato in modo esponenziale.

L'illusione gli ha impedito di cambiare la sua visione della realtà.

Depositi del cuore e della mente.

Il simile attrae il simile, e quelli della stessa specie spesso formano mondi fraterni rivolti verso l'interno.

Congerie autoallineate di mondi minuti.

A livello microcosmico, servono come depositari del cuore e della mente.

Il mondo che ripariamo (Il nostro mondo a cui forniamo assistenza)

Non toccare i nostri pensieri o le nostre idee

Non ingombrare le nostre orecchie con informazioni non necessarie.

Le persiane sono state regolate per ridurre temporaneamente l'ingresso di luce.

Mantenere lo status quo e mettere a tacere le voci che lo mettono in discussione.

Viviamo tutti in mondi diversi che richiedono riparazioni.

Hai il coraggio di portare il mondo reale nello spazio virtuale?

Immagini di inganno

Ogni fotografia scattata nel tempo potrebbe contenere messaggi nascosti.

Ognuno svolge molteplici funzioni.

Nel corso del tempo, le immagini sono state create in molti stili da numerosi maestri.

Potenza dalle competenze gestite.

Le immagini sono strumenti potenti per unire le nazioni.

Amalgamare le idee in una struttura organizzata.

Queste immagini dimostrano una promessa implicita.

Rendimenti della domanda che vanno oltre il quid pro quo.

La realtà è morta

Niente dentro sembra quello che sembra fuori.

La negatività diventa inevitabile una volta che la realtà muore e le percezioni diventano proiezioni la cui veridicità è messa in discussione. Le azioni seguono pensieri indissolubilmente legati alla negatività.

Siamo sorpresi di avere opinioni divergenti sul cambiamento climatico? (NSCC, dicembre 2010). Non dovrebbe sorprendere che ci siano prospettive diverse riguardo al cambiamento climatico nella nostra comunità.

Come individui possediamo tutti esposizioni passate.

Prospettive uniche e varie attendono la scoperta.

Qui ognuno percepisce ogni persona in modo diverso e quindi forma la propria percezione individuale di se stesso e degli altri.

Le percezioni di ciascuno possono differire notevolmente, rendendo così difficile il raggiungimento del consenso. Le informazioni esistono intorno a noi, ma raramente vengono recepite o applicate allo stesso modo.

Tutta questa conoscenza non può essere contenuta in una sola mente.

Ognuno ha un pregiudizio distinto.

Ma c'è un ultimo ostacolo.

L'incertezza continua a perseguitarci.

Le nostre percezioni sulle questioni qualitative differiscono notevolmente tra tutti noi.

L'Odissea della mente bicamerale

VECCHIO AH

LE PERSONE SI RIUNIRANNO in gruppi.

IL PIANO DELLA NATURA non verrà trasgredito.

MENTRE GRUPPI AFFIATATI si guardano in cagnesco,

ILLUMINAZIONE, PICCOLA speranza di fioritura.

IN TALI CIRCOSTANZE nascono idee strane

LE TRADIZIONI SONO un modo per custodire i valori.

MOLTE PERSONE SGUAZZANO nell'irreale.

CIÒ PONE LE BASI PER ciò che segue.

MAN MANO CHE LE TENSIONI vengono alimentate, esse si accumulano.

QUELLI CON UN'AGENDA personale faranno di tutto per ottenere il proprio vantaggio.

POSSONO QUINDI VERIFICARSI conflitti importanti

NON SOLO IL MALE MA anche il bene possono arrivare.

LA STAGNAZIONE STATICA viene spazzata via da nuove correnti.

COSÌ, MESCOLANDO LA miscela umana.

QUINDI, POTREBBE MATURARE una certa illuminazione.

CATALIZZATORE OMOSESSUALE

UTILIZZANDO UN PROCESSO interattivo

SEMBRA CHE UN PRODOTTO sia promozionale

LA VITA UMANA COLLETTIVA;

ANCHE SE UNA TALE PRESENZA può essere incitante,

NON È IN SINTONIA CON i pensieri collettivi.

L'INDIVIDUAZIONE DELLE cose locali è la differenziazione.

QUESTA È L'UNICA FONTE da cui verrà propagata la saggezza.

L'IMMAGINE CHE CONQUISTA lo sguardo

L'IMMAGINE DELLA PERSONA è importante

È UNA CONSEGUENZA DELLA consapevolezza.

QUELLI SULLA STRADA sbagliata

PER MOTIVI DI APPARENZA, ho costruito la difesa.

LA DUALITÀ DEI PERSONAGGI è stata una delle forme che ha assunto.

L'UNO PER NASCONDERE l'altro dietro una falsa apparenza.

L'ASCESA DELLA COSCIENZA

LA NOSTRA COSCIENZA si è evoluta sin dal suo inizio

DOVREBBERO ACCADERE cose meno brutte

ANCHE SE IN REALTÀ con poca preoccupazione

È BARBARICO ALL'ESTREMO

LA FAUNA DEL TERRITORIO

DAI MARI E DAI CIELI.

GLI ATTI ILLECITI COMMESSI dalla coscienza.

QUESTO È CIÒ CHE SIGNIFICA.

NEL PRENDERE COSCIENZA,

CONCETTUALIZZARE SIGNIFICA pensare in termini di qualcosa.

METTI LE PERSONE SU una strada biforcuta

HANNO SCELTO UNA STRADA che non era saggia.

SI TRATTA DI UNA NUOVA scissione astratta

LA MENTE UMANA PRIMORDIALE

IL FUTURO ERA SICURO

SVELA I TUOI SEGRETI

CREATIVAMENTE ESPANSIVO

TROVEREBBE POCHE LIMITAZIONI.

Evoluzione e devoluzione

PARADOSSALMENTE, COLORO che hanno scelto la strada sbagliata sono anche coloro i cui istinti rimangono immutati grazie all'illuminazione.

IL PASSATO È QUINDI statico e radicato.

LE LORO FACOLTÀ CONCETTUALI

SI MUOVE VELOCEMENTE verso il futuro

GENERARE NOZIONI UNICHE

FORMULAZIONI CHE SUPERANO.

DOPPIO CONTROLLO, MA chi guida

LA COSCIENZA È UNA funzione primaria

È IMPORTANTE CHE TU intervenga

PER TENERE SOTTO CONTROLLO gli istinti di base

IL PARTNER PUÒ PROCEDERE.

UNA PERSONA CHE È SULLA strada sbagliata

IL PRIMITIVO È LA CULTURA dominante.

SORDITÀ ALLA FACOLTÀ appercettiva

QUESTO POTREBBE ESSERE il modo migliore per procedere.

COL PASSARE DEL TEMPO, l'evoluzione continua.

LA COSCIENZA È UN FENOMENO in crescita

PIÙ ARMI PER IL SUO primitivo

COME POTERE DI ABUSARE.
   LA FINE

Milton Keynes UK
Ingram Content Group UK Ltd.
UKHW042239011124
450424UK00001BA/110